Vivre la pensée Montessori à la maison

Emmanuelle Opezzo

marabout family

Vivre la pensée Montessori à la maison

marabout family

7 *Introduction*

11 *En finir avec les préjugés*

27 *Les piliers de la pratique*

69 *Focus sur le quotidien*

107 *Annexes*

INTRODUCTION

Goûter à la pédagogie Montessori, c'est accepter d'appréhender le monde au travers d'un prisme nouveau. Cette approche résolument optimiste et humaniste permet d'apprendre à mieux comprendre son enfant et l'adulte qu'il deviendra.

S'initier à cette philosophie aide non seulement à ne pas succomber à la logique de performance, mais aussi à se défaire de bon nombre d'idées surannées.

Aujourd'hui les limites de l'éducation traditionnelle telle que nous la vivons en France sont atteintes. C'est pourquoi il nous faut revisiter ce qui a été dit, mais non entendu, il y a longtemps déjà.

Maria Montessori, grande femme visionnaire, avait ouvert la voie au début du XXe siècle : par sa démarche scientifique d'observation et d'expérimentation, elle avait su rendre à l'enfant sa dignité et lui faire révéler son potentiel en aménageant les Casa dei Bambini, espaces étudiés, structurés et organisés à son intention.

Si la pédagogie Montessori demeure toujours aussi actuelle, c'est parce qu'elle se base sur les lois naturelles de développement de l'espèce humaine : la pensée Montessori est une anthropopédagogie qui vaut pour tout homme, de tout temps, de tout lieu.

En France, une soixantaine d'écoles existent et le mouvement progresse à vive allure avec l'émergence chaque année de nouvelles initiatives privées. Ces écoles ne visent pas simplement à instruire les enfants, mais à semer en eux le goût du savoir, en agissant sur le développement de l'autonomie, la confiance en soi et l'éveil social.

Le coût de la scolarité d'un enfant est extrêmement élevé en France. Or, les écoles Montessori sont à ce jour hors contrat (non reconnues par l'Éducation nationale), et ce sont les parents qui doivent en supporter seuls le financement. Cela fausse le débat : plutôt que de nous intéresser à la philosophie, au mode d'application et aux bienfaits sur le développement cognitif et psychique des enfants, ces écoles restent réservées à une élite sociale. Le débat ne devrait pas être social, mais humaniste : nous devrions nous demander comment améliorer les conditions d'éducation des enfants, valoriser la diversité des individus, leur richesse, tout en suivant le rythme et les potentiels de tous.

Pour ma part, j'ai pris le parti de sortir la pédagogie Montessori des écoles en créant l'espace Koko Cabane, dans le but de transmettre l'essence de cette philosophie aux parents désireux d'appliquer cette approche éducative à la maison, dès les premiers mois de vie de leur enfant.

C'est aussi car je souhaitais donner à des enfants scolarisés en école traditionnelle la possibilité de travailler ponctuellement, différemment, dans la joie et la liberté, que ce lieu a vu le jour.

Mettre en place la pensée Montessori chez soi est l'apanage de tout parent sensible au bien-être de son enfant : cela nécessite peu de moyens, seulement d'un peu de temps et beaucoup de bon sens.

Ce guide vise à initier en douceur à l'approche Montessori en apportant des réponses concrètes aux questions du quotidien. C'est en apprenant à mieux connaître les phases de développement de son enfant entre 0 et 6 ans et en nous débarrassant de certaines convictions sur l'éducation que nous découvrirons son potentiel immense.

L'éducation ne commence pas avec la scolarisation de l'enfant, elle commence au premier jour de sa vie. N'attendons pas l'école pour débuter l'éducation de nos enfants, n'attendons pas non plus de l'école de se substituer aux parents pour éduquer les enfants. L'éducation commence

Qui est Maria Montessori ?

Maria Montessori (1870-1952) est née en Italie, elle fut psychiatre, pédagogue et philosophe. Elle consacra sa vie à militer pour les droits de l'enfant et à éduquer l'Homme à la Paix au travers de sa pédagogie.

C'est en tant que médecin auprès d'enfants en situation de déficience mentale, qu'elle découvrit le matériel éducatif sensoriel développé par les médecins Jean Itard et Édouard Séguin, qui la mettra sur la voie de ses innovations. Elle constata que la pauvreté intellectuelle des enfants était principalement due à des carences éducatives et non pas médicales.

La « méthode » Montessori vit progressivement le jour dans un quartier défavorisé de Rome, où Maria Montessori, sur la base d'observations scientifiques, laissa des enfants libres d'évoluer dans un environnement, préparé disposant d'un matériel sensoriel étalonné scientifiquement.

Son observation méthodique dépourvue de jugement lui permit de découvrir une nouvelle facette de l'enfant : sa capacité de concentration, la puissance de son « esprit absorbant », l'émergence naturelle de l'écriture puis de la lecture, l'autodiscipline, la rigueur et la dignité, l'indifférence aux récompenses et aux punitions… Autant de vertus qui avaient été dissimulées jusqu'ici. Cette approche fut révolutionnaire, puis oubliée. Aujourd'hui, elle réapparaît.

à la maison, dès la naissance, en vivant ensemble.

En appliquant très tôt les principes fondateurs de la philosophie Montessori, nous pourrons observer le développement harmonieux de notre enfant, l'éveil de son intelligence, de ses sens et de son autonomie. Nous renforcerons notre confiance autant que la sienne et serons capables de lâcher prise sur l'autoritarisme parental traditionnel pour adopter une position de parentalité bienveillante. C'est avec des astuces, des essais et beaucoup de créativité, qu'ensemble, parents et enfants, nous pouvons trouver notre harmonie.

L'enfance est une période heureuse et précieuse qui doit être préservée et chérie par les parents. C'est une période de construction déterminante pour toute notre vie. Je crois profondément, comme le disait Maria Montessori, que l'enfant doit être libéré de la vision limitative que nous portons à son égard ; cette vision traditionnelle l'emprisonne, ses potentiels restent cachés... et gâchés.

Laisser son enfant se développer selon sa voie, son rythme, son individualité, en toute confiance, est notre enjeu de parents, pour son bien-être individue, mais aussi pour le « bien-vivre ensemble ».

Les objectifs de ce guide

- Se familiariser avec les bases de la philosophie Montessori.
- Appliquer concrètement l'autorité bienveillante à la maison.
- Retrouver confiance en son potentiel de parentalité.
- Apprendre à lâcher prise sans « laisser-faire ».

En finir avec les préjugés

En choisissant la voie d'une éducation bienveillante dans les principes Montessori, nous devons commencer par accepter l'idée que nous méconnaissons la nature profonde de l'enfant. Modifier notre façon de croire et de percevoir nous permettra de lever le voile sur bon nombre de préjugés infondés portés sur l'enfant et l'éducation.

Il n'y a pas de méthode à l'éducation

La première idée à proscrire est de croire que l'éducation des enfants par leurs parents se réduit à l'application d'une méthode. Bien qu'il nous faille faire preuve d'abnégation, de rigueur et de persévérance, l'amour et la foi sont les ingrédients clés qu'aucune méthode, aussi juste, précise et scientifique soit-elle, ne théorise.

➔ Et si on se détendait à propos de l'éducation ?

« Il n'existe pas un homme qui n'ait été formé par l'enfant qu'il a été. »
Maria Montessori

L'éducation est l'un de ces sujets qui font l'objet de tant de controverses - entre amis, collègues ou même en famille - car nous avons tous été enfants et tous avons un avis respectable à partager sur la question.

Et chacun de se positionner entre autoritarisme, permissivité, laxisme, laisser-faire sans que nous puissions nous mettre complètement d'accord sur la question.

Pourtant, en tant que parents nous nous unissons autour de la même préoccupation : faire de notre mieux pour nos enfants.

Pourquoi dans ce cas tant de dissonances les uns avec les autres ?

Ce qui anime chacun de nous lorsque nous parlons d'éducation ce sont nos valeurs et nos principes, sur lesquels nous nous accordons ou nous opposons, en fonction de notre histoire, de notre culture ou de nos croyances, qui sont aussi variées que nous sommes nombreux.

La vision de l'éducation proposée par l'approche Montessori permet de réconcilier les opinions divergentes, car elle démontre que l'enfant est soumis à un processus de développement naturel.

En effet, pour se construire, l'enfant suit un programme de développement « préétabli », il traverse des étapes clés, communes à toute l'espèce humaine, et se construit seul en absorbant l'environnement dans lequel il évolue.

Pour Maria Montessori, l'« éducation » est le fruit d'une évolution naturelle et spontanée chez tout être humain.

Soyons confiants : les enfants apprennent à marcher, à parler, sans aucun enseignement direct d'aucun adulte ; ils apprennent seuls au simple contact de leur environnement. Il en va de même pour nombre d'autres apprentissages.

Nous pouvons donc commencer par nous détendre et laisser la nature agir : l'enfant se façonne dans son milieu, jusqu'à 6 ans l'intervention directe de l'adulte sur lui n'a qu'un effet très limité.

Maria Montessori avait en effet pu observer, dans la première « Maison des enfants », que par la seule préparation de l'environnement avec un matériel éducatif scientifique adapté, les enfants sont entrés aussi naturellement dans l'écriture qu'ils avaient pu entrer dans le langage parlé, sans enseignement direct traditionnel. Ce phénomène s'est propagé d'enfants à enfants, lesquels se sont mis à écrire les uns après les autres. C'est après que l'écriture est apparue que la lecture s'est enclenchée naturellement à son tour. Ce phénomène qui parut de prime abord comme miraculeux, prouve que l'homme possède en lui les éléments distinctifs de son espèce (écriture, lecture, mathématiques, arts, disciplines sportives et tout élément de culture en général), lesquels se développeront ou non, selon l'environnement de chacun (sans négliger les inclinations individuelles bien entendu).

Un phénomène moins frappant mais tout aussi manifeste est celui de la transmission de la musique : rare est le musicien isolé, le plus souvent, la musique se partage et se vit en famille, les enfants de musiciens deviennent musiciens avant même qu'un instrument ne leur soit enseigné car ils ont baigné dans un environnement propice au développement de leur potentiel musical.

Qu'est-ce que l'éducation bienveillante?

Si nous ne pouvons résumer l'éducation à une méthode, essayons de définir « l'éducation bienveillante » et de déterminer en quoi nous la distinguons de l'éducation traditionnelle.

Prenons un instant de réflexion pour nous interroger sur notre propre définition de l'éducation bienveillante. Voici quelques propositions non exhaustives qu'il vous conviendra de compléter.

Dans la philosophie Montessori, éduquer son enfant c'est :

- Aider, protéger, sécuriser.
- Comprendre, soutenir, accompagner : affectivement, émotionnellement et socialement pour fonder sa sécurité intérieure, la confiance en soi, l'estime de soi.
- Être partenaire.
- Être en confiance mutuelle.

Ce n'est pas :

- Une méthode à appliquer.
- Un rapport de force ou un pouvoir sur l'enfant.
- Avoir raison, imposer, contrôler.
- Projeter sur ses enfants nos attentes, nos espoirs, même les meilleurs.

L'éducation bienveillante est celle qui respecte la nature de l'enfant. **Éduquer nos enfants « en bienveillance », c'est les aider à être et non pas à devenir.**

La pensée Montessori n'est pas une méthode, c'est un regard

Trop souvent appelée « méthode » l'approche Montessori est d'abord une philosophie, puis une pédagogie.

Il n'est pas nécessaire de disposer du matériel scolaire à la maison pour appliquer la philosophie Montessori et éduquer en bienveillance.

Il est important pour nous parents, de distinguer l'essence de cette philosophie de la méthode d'application scolaire.

En école Montessori, on ne peut pratiquer la pédagogie sans incarner la philosophie, et cela passe par une posture rigoureuse de l'adulte ; à la maison, il est possible et même conseillé de ne pas pratiquer de « méthode » !

Oublions la technique pour vivre en harmonie et conscience avec nos enfants et accordons-nous un peu de lâcher prise sur d'éventuels résultats escomptés. Partager du temps et des activités, rire et jouer avec notre enfant est la meilleure façon de l'aider à grandir sereinement.

Autonomie, confiance et liberté

Apprendre à faire seul est un des socles de la philosophie Montessori, car l'autonomie est une clé précieuse pour aider notre enfant à se construire de manière solide et équilibrée, en confiance.

En effet, être autonome, c'est être adapté à son milieu et disposer des capacités à faire seul.

Prenons garde toutefois à nos exigences, il ne s'agit aucunement d'entrer dans une course à la performance. Notre rôle de parent est avant tout de répondre aux besoins de notre enfant.

Nous devons prendre garde de ne jamais lui imposer d'entreprendre quoi que ce soit tout seul s'il ne s'en sent pas encore capable, car il doit au préalable apprendre.

Tant que notre enfant ne nous demande pas ou bien refuse de faire quelque chose seul, soyons respectueux et confiant (toujours !) : ce n'est pas le bon moment pour lui, ça le sera peut-être demain.

Notre responsabilité de parent est de l'accompagner dans ses processus d'apprentissages en lui montrant comment faire et en coopérant, pour étayer sa confiance, sa volonté et sa persévérance.

L'autonomie ne se décrète ni ne s'impose. Elle est le fruit d'un processus fondé sur les prérequis incontournables d'amour et de confiance pour son enfant. L'enfant apprivoise l'autonomie doucement, pas à pas, au gré de ses besoins et de ses envies.

Le développement de l'autonomie n'est pas linéaire, nous devons apprendre à accepter les phases de régressions de notre enfant, qui sont souvent les signes avant-coureurs de progrès à venir.

En atelier, des parents se demandent si leur bébé est bien autonome en prenant son biberon seul.

La course à l'autonomie nous amène parfois à oublier la complicité, les moments de partage ou même de maternage, essentiels au bon développement de l'enfant. C'est aussi dans des moments de forte proximité que le tout-petit s'ouvre sur le monde : dans les yeux de son parent aimant, dans les mots tendres, les sourires...

Prenons le temps : c'est en faisant ensemble d'abord que l'enfant sera en mesure de nous demander de faire seul ensuite.

L'autonomie, c'est apprendre à faire seul, mais aussi à vouloir et penser seul. Pour nous parents, cela signifie accepter que l'enfant, dès son plus jeune âge fasse ses propres choix ; il nous faut faire preuve de confiance (encore !), mais surtout apprendre à lâcher prise.

C'est dans cette dynamique que l'enfant va acquérir son indépendance et apprendre à savoir ce qui est bon pour lui ou non.

Accepter les choix de l'enfant dès son plus jeune âge peut s'avérer difficile pour nous adultes, car c'est revenir sur notre ascendance.

Il ne s'agit pas de laisser notre enfant décider de ce qui se passe à la maison, mais seulement de lui laisser la place de choisir pour certains aspects de son quotidien qui ne concernent que lui.

Laisser notre enfant choisir c'est lui faire des propositions que nous avons validées en amont, pour qu'il puisse avoir sa marge d'autonomie et son libre arbitre en aval.

Par exemple, le matin, il peut choisir ses vêtements : porter un jean ou un jogging, ses baskets ou ses bottes. Les combinaisons sont parfois originales et beaucoup moins classiques que ce que nous avions prévu, mais le résultat peut en valoir la peine !

L'attention portée sur les choix accélérera son processus d'autonomisation dans l'habillement et très vite, si l'environnement est adapté, l'enfant ira se servir dans sa commode et choisir ses vêtements du jour.

Il est difficile d'enfermer les enfants dans des tranches d'âge, mais pour l'exemple de l'habillement, cela peut surgir dès 2 ans.

En atelier de parentalité, il semble inenvisageable à certains parents, de prime abord, de laisser le choix des vêtements à leur enfant ; mais au gré de la discussion, ils conviennent que l'habillement est souvent une source de conflit avec leur enfant le matin.

En approfondissant la discussion, ils ne savent pas expliquer en quoi laisser leur enfant choisir ses vêtements les dérange. À l'atelier suivant, ils concluent qu'effectivement, il est plus utile de laisser l'enfant choisir !

Le cercle vertueux de développement de l'enfant s'amorce par la confiance que nous lui portons.

Savoir que son enfant est « capable » est le point de départ du développement de sa confiance en lui.

Si l'enfant est en confiance, il n'a pas peur, s'il n'a pas peur il ose faire, s'il fait, il apprend à faire et s'il refait il se perfectionne. Notre quotidien repose sur des petits choix sans incidence pour lesquels nous nous substituons aux enfants par habitude. Essayons de leur laisser la liberté de décider dans certaines situations, afin d'aiguiser leur capacité à choisir. Cela apaisera, en outre, de nombreux conflits.

Et puis il y a tant d'adultes qui ne savent pas prendre de décisions, qui se sentent perdus face à un choix, mieux vaut commencer tôt !

L'enfant est programmé pour s'adapter

Le temps de l'enfance de l'homme est long car il suit un plan de croissance physique et psychique complexe : l'enfant est programmé pour grandir, apprendre et s'adapter, éléments indispensables à l'indépendance et donc à la survie de chacun.

Un potentiel infini dès la naissance

Le nouveau-né arrive au monde dépendant et d'apparence fragile, car il ne peut se débrouiller seul, et sans soins il ne survivra pas. Quasi immobile, il ne peut se redresser ni se tourner pendant les premiers mois de sa vie ; il est entièrement à la disposition des adultes, soumis à leur bon vouloir pour se mouvoir.

Cette apparente fragilité est en fait une grande force : l'enfant naît « indéterminé », dans le sens où il possède tous les potentiels humains qui écloront au fur et à mesure de sa croissance, en fonction de son environnement, mais aussi de son identité qui le rend unique et différent de tout autre individu. Ces dispositions lui donnent une puissance immense que nous ne mesurons pas.

L'homme est une des seules espèces à pouvoir naître presque partout sur Terre, il nous faut donc une grande malléabilité à la naissance, un pouvoir d'adaptation que nulle autre espèce ne possède, pour être capable de nous adapter à n'importe quel milieu, climat, langue, culture...

Par exemple, si à la naissance nous étions d'un langage déterminé, il nous faudrait tomber dans le bon pays avec la bonne langue ! C'est pourquoi la nature a pourvu le petit d'homme de la faculté d'absorber toutes les langues dans lesquelles il est baigné sans aucune distinction et sans effort.

Aucun adulte n'est en mesure d'égaler un jeune enfant dans l'apprentissage d'une langue étrangère. En dépit de tous les efforts qu'il fournira, l'adulte ne pourra atteindre la perfection de l'enfant.

« Apprendre à vous occuper de votre corps est très important. Parce que nutrition, forme, conscience de soi et discipline ne sont pas que des mots : ce sont des outils. »

Maria Montessori

Cette capacité d'absorption, ou « esprit absorbant » (voir lexique p. 108), vaut pour tout élément de culture : le petit enfant s'imprègne avidement de l'intégralité de son environnement afin de mettre en lui toutes les connaissances nécessaires à sa bonne adaptation.

Plus l'environnement de l'enfant sera riche, plus l'enfant sera riche de cet environnement.

Un programme de développement rigoureux

« Toute la vie de l'enfant est une poursuite vers la perfection, vers l'achèvement. »

Maria Montessori

D'après Maria Montessori, la croissance de l'enfant suit un programme de développement rigoureux à des étapes clés, grâce auquel les caractéristiques humaines se révèlent si l'environnement est propice.

Par exemple, la marche ne s'enclenchera chez l'enfant que s'il est entouré de « marcheurs ». Il en va de même pour le langage, comme nous l'avons vu précédemment. Nous pouvons donc généraliser et affirmer que les caractéristiques humaines apparaissent seulement si l'enfant les côtoie dans son milieu : la marche, le langage mais aussi l'écriture, la lecture, l'art... la culture dans toute sa diversité.

L'environnement est l'élément déterminant du développement de l'enfant, et le premier environnement de l'enfant est sa maison.

Le programme de croissance de l'enfant lui assure des sensibilités qui lui permettent de distinguer naturellement les caractéristiques humaines à l'intérieur de son milieu, qu'il va ensuite absorber pour les fixer en lui. L'enfant ne va pas concentrer son attention sur les pratiques des autres espèces de son entourage, les animaux ou végétaux, mais sur celles de ses pairs, les autres humains.

Ces sensibilités sont communes à tous les enfants du monde (sur « les périodes sensibles », voir lexique p. 108).

Si les plans de développement sont universels, chaque enfant est néanmoins unique. Le développement des compétences est propre à chacun, et l'enfant s'orientera différemment, psychiquement et physiquement, selon ses sensibilités et son environnement.

Tout enfant possède son identité, son tempérament, ses goûts et ses envies, que nous allons apprendre à découvrir au fil des jours.

L'enfant peut se concentrer longtemps

La concentration est un état d'attention intense à l'issue duquel l'être humain ressort nourri, transformé et grandi. Ce processus de transformation construit l'intelligence de l'enfant, étaye sa sérénité et son calme, le rend plus sociable et plus ouvert au monde extérieur.

Une capacité sous-estimée

Nous sous-estimons beaucoup la capacité des jeunes enfants à se concentrer, pour plusieurs raisons.

D'abord parce que nous ne savons pas observer convenablement ; ensuite parce que nous pensons qu'un enfant est fragile et qu'il se fatigue vite ; enfin, parce que nous nous méprenons sur ce qui intéresse les enfants, en matière de jouets principalement.

Dès la naissance, un enfant est capable d'une grande attention. Il ne peut pas bouger – ou presque –, son développement intellectuel n'est pas mâture, mais tous ses sens sont en alerte.

Très occupé à développer ses sens, le nourrisson met en outre en place un processus de compréhension et d'adaptation à son entourage, et doit pour cela fixer son attention de manière intense.

Le nouveau-né se focalise sur les sons et les bruits de la maison et de la rue, les odeurs de la maison et des membres de la famille, la bouche et le visage de ses parents qui lui parlent, chantent, gazouillent.

Il se concentre sur ses petites mains, d'abord lorsqu'il se met en mouvement, puis sur l'objet qu'il convoite et désire attraper ensuite. Cela n'a l'air de rien, c'est pourtant pour le bébé un grand travail de prise de conscience de soi, de son schéma corporel ainsi que du milieu qui l'entoure.

Au fur et à mesure qu'il s'éveille, le champ d'observation et de concentration de l'enfant s'élargit.

Le mobile de Munari

Le premier mobile « Montessori », appelé mobile de Munari du nom de l'artiste qui l'a créé, est proposé au bébé dès la naissance au-dessus de son tapis d'éveil. Les formes géométriques noires et blanches et la sphère transparente de ce mobile flottent au-dessus de l'enfant, font danser les contrastes, la lumière, les ombres et les reflets qui captivent le nourrisson, aiguisent sa vue et sa concentration.

Concentration et intérêt

Si nos propositions de stimulation sont insuffisantes, le bébé cherchera des sources d'intérêt dans son environnement sans pouvoir fixer son attention nulle part.

À l'inverse, si les propositions de stimulation sont trop fortes, le nourrisson cherchera à fuir ces bruits, visuels ou mouvements gênants et intrusifs.

De la même manière, des stimulations trop complexes empêcheront l'enfant de se concentrer.

C'est ce que nous observons quand les jouets sont inadaptés : cela peut avoir pour conséquence de faire naître de l'insatisfaction et générer un effet « zapping » chez le bébé ou l'enfant, qui touche à tout mais n'investit rien.

Prenons soin de n'imposer aucune sollicitation à notre enfant, voyons au préalable s'il est disposé ou non pour une activité en lui mettant à portée des jouets d'éveil sensoriel qu'il sera libre d'explorer selon ses besoins.

Dans le cas où notre enfant éprouve le besoin d'être en activité, proposons-lui des sources d'intérêt simples, douces et sensorielles qui ne mobilisent qu'une base unique de stimulation. Ce que nous offrons à l'enfant est ce que nous souhaitons qu'il comprenne du monde.

En grandissant, lorsqu'il devient mobile, l'enfant commence à explorer son entourage.

L'exploration du tout-petit est l'occasion pour lui de découvrir mille et une nouveautés dans la maison.

On dit souvent que lorsque nous n'entendons plus un enfant, c'est qu'il « fait une bêtise ». Nous reviendrons plus tard sur la notion de « bêtise » car dans ce cas précis, ce qu'il faut noter avant tout, c'est le temps de concentration dont est capable le tout-petit dès lors que son intérêt est éveillé.

La concentration ne peut se décréter, elle résulte d'un processus qui fait écho à une sensibilité intérieure de l'enfant.

En effet, le jeune enfant doit éprouver un intérêt suffisamment grand pour mobiliser sa force psychique et sa force motrice en vue de focaliser son attention sur quelque chose.

C'est souvent beaucoup plus simple qu'on ne le croit : des activités élémentaires, pour autant qu'elles soient raffinées et méticuleuses, suffisent à éveiller la curiosité de l'enfant et le mener à la concentration.

« La fatigue vient lorsque l'activité mentale et l'activité motrice sont condamnées à agir séparément, alors qu'elles ne devraient faire qu'un. Si l'individu n'agit pas dans son "tout" (corps et esprit à l'unisson), chaque effort est ressenti comme une fatigue. »

Maria Montessori

Les premiers instants de concentration peuvent être très courts : il faut savoir se contenter d'un petit instant, quelques secondes, ou quelques minutes d'abord ; puis nous constaterons au fil du temps qu'avec la pratique, le temps de concentration de l'enfant s'allonge.

Quel que soit l'âge de notre enfant, son attention dépend de l'intérêt suscité par son environnement en fonction, d'une part, de son stade de développement et, d'autre part, de ses choix, lesquels sont déterminés par ses sensibilités et ses goûts.

Lorsque le phénomène d'attention émerge, l'enfant va répéter son action pour perfectionner ses gestes et affiner sa compréhension. Ce faisant, il accédera à un état de concentration.

L'enfant est capable de se concentrer longtemps s'il peut manipuler l'objet de son attention et que celui-ci participe de son développement et de sa compréhension du monde.

Au contraire, un enfant se fatigue lorsqu'il s'ennuie, soit parce qu'il manque d'activité, soit parce que son activité ne contribue pas à nourrir ses besoins du moment, ou qu'elle ne mobilise pas ses mouvements et ses gestes.

Il nous est impossible de déterminer à quel moment le lien s'établit entre le point d'intérêt de l'enfant pour un matériel sensoriel éducatif qui a pour but de transmettre un concept, et le point de contact, c'est-à-dire la connexion entre l'enfant et le matériel qui apporte la compréhension du concept. Ce travail intérieur de l'enfant qui correspond à une élévation de sa conscience ne peut être enclenché de l'extérieur.

Concentration et mouvements

« L'esprit et le mouvement sont les deux parties d'un cycle unique, et le mouvement en est l'expression supérieure. »

Maria Montessori

Le chemin vers la concentration de l'enfant passe par le mouvement coordonné de son corps et l'utilisation de ses mains, et exige que nous lui accordions suffisamment de temps sans l'interrompre dans son activité.

Le mouvement est essentiel au développement psychomoteur de l'enfant, il vient compléter le cycle de la pensée.

De nombreux parents se plaignent du manque de concentration de leur enfant : il est trop agité, turbulent, impatient, il zappe d'une activité à l'autre...

Un comportement agité est le signe que l'enfant ne trouve pas d'activité adaptée à son besoin, de manière ponctuelle ou de manière plus constante : les activités sont soit trop peu nourrissantes, soit trop sophistiquées et ne lui permettent pas d'allier mouvements et pensée.

L'enfant s'agace et ne parvient pas à fixer son attention, il s'évade ou bien encore ne tient pas en place et s'en va.

Emmener son enfant au parc pour qu'il aille se « défouler » n'est pas toujours la solution appropriée, car cela a pour effet d'accentuer sa dispersion.

Plus un enfant est agité, plus nous devons l'aider à canaliser son énergie par la mise en mouvement structuré ou le travail manuel.

Les activités qui réquisitionnent le mouvement structuré du corps ou de la main, permettent à l'enfant de se centrer, car elles unissent activité du corps et de l'esprit.

Nous pouvons lui proposer une activité du quotidien, par exemple balayer, passer l'aspirateur ou laver un peu de vaisselle dans une bassine. La répétition de gestes simples sollicités par ce type d'activités a pour effet de l'apaiser et de l'aider à fixer son attention.

Nous pouvons aussi lui proposer une activité manuelle minutieuse qui l'incite à le mettre en action, ainsi qu'à rassembler l'ensemble de son énergie et de son attention sans réflexion préalable, par exemple une activité de piquage ou de découpage.

L'utilisation de la main chez le petit enfant de moins de 6 ans est essentielle pour le mener à la concentration.

La main est l'organe qui matérialise la pensée, l'intelligence de l'homme. Des gestes précis et méticuleux sont l'expression d'une intelligence développée.

En tant que parents, nous allons aider notre enfant à prendre goût à la concentration dès ses premiers mois de vie. Si nous ne l'avons pas fait, il n'est jamais trop tard pour commencer : l'enfant peut apprendre à se concentrer à tout âge si son attention et ses mouvements sont mobilisés. C'est par l'action (mouvements, déplacements ou manipulation) de l'enfant que son intelligence se structure.

Un enfant qui a goûté à la concentration cherchera à retrouver cet état profond, nourrissant et apaisant à travers tous types d'activités.

Récapitulatif

Un enfant excité n'a pas besoin de se défouler mais au contraire d'être apaisé par une activité calme et minutieuse, qui lui demandera d'unir activité physique et psychique pour le mener vers la concentration. Pour se concentrer un enfant a besoin de :

- *Intérêt/attention.*
- *Liberté de mouvement, déplacements avec un but défini et manipulation.*
- *Répétition de gestes.*

L'enfant n'aime pas jouer

L'enfance est associée au jeu, oui, mais lequel ? L'enfant joue d'abord à « faire pour de vrai » pour se construire, ce n'est que plus tard qu'il joue à « faire semblant », imagine, construit et invente sa réalité.

Comprendre le monde pour être adapté

De 0 à 3 ans, l'enfant n'est pas intéressé par le jeu tel que nous le définissons usuellement. Adultes, nous avons pris l'habitude de considérer le jeu comme un « divertissement ». Le divertissement sous-entend que l'on se détourne de la réalité.

Or c'est tout à fait l'inverse qui mobilise l'intérêt des jeunes enfants.

Exploration et découvertes

L'objectif des enfants de 0 à 3 ans est très sérieux puisqu'ils ont pour mission d'explorer et manipuler, avec l'intention inconsciente, mais bien déterminée, de comprendre le monde. C'est pourquoi leur terrain de jeu est vaste.

Le bébé commence d'abord par explorer son corps, chacun de ses membres, ses pieds, ses mains, pour une meilleure compréhension de son schéma corporel et de ses limites.

Puis, dès que sa motricité le permet, il cherche à comprendre ce qui l'entoure et se met à explorer son environnement.

Il explore ses jouets, les objets de la maison, chacune de ses pièces et ce qu'elles contiennent si elles sont accessibles, les placards et les tiroirs s'ils sont à sa portée ; il explore le jardin, la nature, la rue, le parc… Chaque espace est une aire précieuse de découvertes et donc d'instruction.

Par l'expérimentation sensorielle de son environnement, l'enfant met en lui des connaissances du monde. L'empêcher d'expérimenter c'est l'empêcher d'apprendre.

Quand nous disons « non » aux explorations du tout-petit de manière répétitive, nous disons « non » à sa curiosité et à sa prise d'initiatives.

Où placer les limites

Bien sûr, il n'est pas possible de laisser le petit enfant explorer seul n'importe quel endroit. Nous devons nous porter garants de sa sécurité et de son hygiène.

Toutefois, nous devons également être garants de sa compréhension du monde, élément essentiel à la sécurité intérieure du tout-petit.

Si l'enfant est à ce point intéressé par l'exploration, c'est qu'il ressent le besoin profond de comprendre ce qui l'entoure, comment et pourquoi cela fonctionne (voir « Tendances humaines », p. 108).

Les réponses aux questions : « Est-ce vraiment dangereux ? Est-ce vraiment sale ? », sont les seules qui doivent guider notre décision d'interrompre notre enfant dans son exploration – chacun ayant son échelle de valeurs personnelles quant à l'hygiène et la sécurité.

L'acquisition de connaissances par l'expérience vaut parfois la prise de certains « risques minimes » : mettre une clé à la bouche n'est pas très hygiénique certes, mais n'est pas très dangereux non plus. L'enfant aime « goûter » le métal, froid, sec, amer…

Nous pouvons superviser l'exploration de notre enfant et lui présenter l'objet de sa convoitise afin de satisfaire son besoin de compréhension ; si l'objet n'est pas adapté, essayons de trouver un objet équivalent plus approprié à son exploration.

Mouvements et sens

« Rien n'est dans l'esprit qui ne fut d'abord par les sens »
Aristote

L'exploration de l'enfant est sensori-motrice : par son désir de découverte, il se met en mouvement. Le mouvement est dit alors « volontaire » car il est mû par une volonté, celle d'explorer pour comprendre.

Notre compréhension du monde est sensorielle : nous voyons, touchons, entendons, sentons, goûtons ce qui nous entoure, nous nous imprégnons de notre milieu par nos sens.

Le petit enfant vit cela avec une forte intensité car pour lui tout est « première fois ». Laissons-le savourer ses découvertes dans la joie !

Tel un petit scientifique, il va tester son environnement grâce à la manipulation, se saisir d'un objet, le goûter, le secouer, le passer d'une main à l'autre, le retourner, le taper, le lancer… tout cela pour disposer d'une compréhension sensorielle globale de l'objet : son poids, sa sonorité, sa densité, sa texture, s'il est chaud/froid, doux/rugueux, amer/âpre, etc.

L'enfant cesse d'explorer lorsqu'il a pu tirer ses conclusions de l'objet. Ce qui ne l'empêche pas d'y revenir ultérieurement pour vérifier si ces caractéristiques sont constantes, et ce jusqu'à ce

Quid des écrans et tablettes tactiles ?

Même s'ils suscitent la motricité fine et la coordination œil/main, les tablettes, ou autres écrans tactiles, n'entrent pas dans la consommation du capital de manipulation des enfants pour la simple et bonne raison qu'il s'agit de concepts virtuels et que le petit enfant doit expérimenter le réel (développement sensori-moteur) pour se construire.

En outre, les écrans inondent le cerveau en développement des enfants de sur-stimulations qui génèrent des troubles de l'attention.

Préservons donc nos enfants des écrans autant que possible et tâchons de respecter la règle des 3/6/9/12 (voir encadré p. 24).

Au regard de la place qui leur est attribuée dans notre quotidien, nous ne pouvons y échapper totalement. En cas d'utilisation exceptionnelle, celle-ci doit être strictement encadrée, tant en termes de contenu que de temps d'exposition.

qu'il n'ait plus besoin de passer par les sens pour comprendre.

Cette exploration sensorielle s'estompe au fur et à mesure que l'enfant comprend le monde, en prend conscience, c'est-à-dire qu'il commence à pouvoir associer, classifier et généraliser.

L'enfant dispose d'un capital « manipulation » qui doit être pleinement consommé pour effectuer une transition douce et harmonieuse vers la représentation mentale et l'imaginaire.

Parce que les informations sont passées par les sens en premier lieu, elles sont inscrites dans le corps de l'enfant qui peut à tout moment aller chercher en lui les sensations qu'il a expérimentées un jour. C'est le début du développement du raisonnement intellectuel de l'enfant, c'est le début de l'abstraction.

La règle des 3/6/9/12

Établie par le psychiatre Serge Tisseron, docteur en psychologie et psychanalyste, chercheur associé HDR à l'université Paris VII, dans le cadre de ses recherches :

- Pas d'écran avant 3 ans, avec discernement après 3 ans.
- Pas de console de jeu avant 6 ans.
- Pas d'Internet avant 9 ans.
- Internet utilisé seul à partir de 12 ans seulement, avec prudence et si l'enfant reste accompagné et encadré.

Participer au monde

Passé ce stade d'exploration, « jouer » ne constitue toujours pas l'activité favorite de l'enfant. Plus conscient du monde, il veut désormais y participer : il veut faire « pour de vrai ».

L'enfant ne souhaite pas être seul dans sa chambre avec ses jeux alors qu'il a tant à apprendre avec ses parents, il veut être en famille et participer à la vie de la maison.

Il donne ainsi du sens à ses premières explorations et manipulations et met en pratique ce qu'il a observé et intégré de notre routine pendant les mois où il rampait.

Marcher est une liberté nouvelle qui lui donne accès à un monde nouveau.

Quel bonheur cela représente pour lui d'être debout les mains libres ! C'est un peu comme si nous nous mettions à voler.

À partir du moment où il marche et peut utiliser ses mains, le petit enfant peut transformer son environnement : déplacer les objets, les transporter d'un endroit à un autre et se faire une joie de collaborer à toutes les tâches du quotidien.

Maria Montessori préconisait les activités de « vie pratique » pour les enfants de 3 à 6 ans telles que laver une table, balayer, apprendre à boutonner et à lacer, verser de l'eau dans des verres…

Elle avait observé que les enfants n'étaient pas attirés par les jouets, qu'ils finissaient rapidement par les abandonner ou même les casser car trop mal pensés et non adaptés à leurs besoins.

Le principe de réalité

Préconisons le principe de réalité pour aider l'enfant à comprendre le monde réel et à faire «pour de vrai». Le principe de réalité est appliqué aux jouets et aux livres, lesquels doivent être suffisamment réalistes pour que le petit enfant distingue seul le réel de la fiction.

Il est conseillé de lire des histoires qui incarnent des animaux anthropomorphes à l'usage de la parole une fois que l'enfant différencie clairement la réalité de l'imaginaire.

Les comptines chantées à l'enfant peuvent quant à elles conserver toute leur fantaisie, leur vocation étant de jouer avec les mots, les sons, les rythmes et les doigts, et non d'aider l'enfant à mieux comprendre le monde.

Un enfant bien ancré dans la réalité sera plus prompt à s'en détourner et à utiliser son imaginaire pour jouer qu'un enfant qui ne fait pas bien la distinction réel/fiction. Au contraire, un enfant qui se plonge dans l'imaginaire trop tôt peut vouloir fuir la réalité.

Les activités dites de «vie pratique» permettent d'utiliser les objets de la vie courante adaptés à la taille et à la force de l'enfant pour pratiquer et acquérir le contrôle de son corps, et répéter les mouvements structurés des actions du quotidien.

Contrairement à ce que nous pourrions croire, c'est un vrai plaisir pour l'enfant d'apprendre à se maîtriser et à se perfectionner.

La mise en mouvement est essentielle à la structuration de sa pensée. Aussi, profitons de sa volonté de faire comme nous pour lui confier des petites responsabilités à sa portée. C'est en famille que l'apprentissage de l'autonomie se fait, pas en jouant seul dans sa chambre.

L'enfant n'aime pas être aidé

C'est avec la meilleure intention que nous aidons nos enfants au quotidien. Pourtant, rapidement, notre enfant s'y oppose : il se met parfois à pleurer, trépigner, pour nous indiquer que nous agissons mal, mais nous n'y voyons qu'un « caprice ».

Une nécessité à faire par soi-même

Tous les enfants le disent et le répètent aux adultes sourds à leurs demandes. C'est donc bien qu'il existe une nécessité dans la construction de l'homme à faire les choses par soi-même.

L'enfant souhaite agir en toute indépendance : porter les choses, s'habiller seul, manger seul...

D'une part, l'aide directe de l'adulte entrave le processus d'apprentissage de l'enfant ; d'autre part, elle porte atteinte à la dignité de l'enfant, que l'on considère incapable d'apprendre à faire seul.

Empêcher l'enfant de faire seul, ce n'est pas lutter contre sa volonté, c'est lutter contre sa nature.

Affiner ses sens et sa motricité

Cette volonté consciente de l'enfant de faire seul provient de son besoin inconscient de perfectionner ses fonctions sensorielles, motrices et cognitives.

Un des socles de l'apprentissage est l'engagement actif de l'individu : c'est en les laissant pratiquer par eux-mêmes que nos enfants vont affiner l'usage de leurs mains et chacun de leurs sens.

Verser, visser, dévisser, transvaser, couper, etc. sont autant de gestes du quotidien simples et répétitifs qui les construisent et les rendent habiles.

L'erreur est constitutive du processus d'apprentissage

Apprendre à faire seul, c'est s'exercer ; cela suppose que des maladresses soient susceptibles d'intervenir.

C'est en faisant des erreurs que l'enfant sera en mesure de corriger et affirmer ses gestes. De la même manière, si nous débutions une nouvelle discipline, il nous faudrait du temps avant de pouvoir la maîtriser sans se tromper : aucun adulte ne peut devenir footballeur, pianiste, brodeur ou manier rapidement les couteaux japonais du jour au lendemain.

Nous ne devons notre dextérité qu'à l'expérience et l'entraînement. Pour cette raison, n'hésitons pas à confier à nos enfants des objets fragiles et cassables (mais dépourvus de toute valeur sentimentale !).

En outre, les enfants distinguent tôt les matériaux nobles et délicats des matériaux plus grossiers. Un enfant qui porte un objet fragile sera plus vigilant au contrôle de son corps et de ses mouvements.

Maladresse et indulgence

Nous appelons souvent à tort une maladresse « bêtise ». Une « bêtise » représente une action dénuée d'intelligence ou une action pourvue d'une intention malveillante. Une « maladresse » désigne un geste malhabile, elle est dénuée de toute intention de nuire.

L'amalgame entre ces deux termes nous amène régulièrement à disputer notre enfant alors qu'il n'avait aucune intention de mal faire. Notre enfant développe alors un sentiment de tristesse, d'injustice ou de honte, il se met à pleurer et notre colère le paralyse.

Si nous nous fâchons à chaque maladresse, il développera un réflexe mécanique de pleurs pour se protéger de notre colère, plutôt que de chercher à réparer son erreur.

Un enfant qui n'a pas l'habitude de se faire disputer pour une maladresse ne cherche pas à dissimuler ses ratés. Il possède en outre les ressources nécessaires pour corriger seul son erreur sans pleurs. Au contraire, un enfant qui se fait réprimander pour ses maladresses aura tendance à dissimuler ce que nous lui avons appris à considérer comme une « bêtise ».

Ces attitudes anodines et banales de l'adulte viennent entraver le rapport de confiance que nous établissons avec notre enfant.

Développer confiance, volonté et persévérance

Plus nous pratiquons, mieux nous faisons, car nos gestes se précisent et notre pensée appréhende. Il en va de même pour nos enfants. Lorsque nous leur permettons d'agir seuls, nous leur permettons alors d'apprendre, de s'exercer et de devenir meilleur.

La répétition des gestes simples du quotidien contribue à la construction de la pensée et du tempérament de notre enfant. En effet, savoir faire seul, c'est être autonome et adapté à son environnement.

Être adapté à son environnement procure un sentiment de sécurité : l'enfant qui construit son autonomie dans son quotidien développe simultanément confiance en soi et estime de soi, car il n'a pas - ou peu - besoin d'aide extérieure et reçoit la considération de l'adulte, respectueux de ses capacités.

Parce que tous les jeunes enfants sans exception sont instinctivement mus par la volonté de faire seul, il est important de respecter et canaliser cette énergie sans la détruire. Laissons-les essayer, se tromper et recommencer.

L'effort d'imitation est plus important que l'imitation elle-même ; en d'autres termes, la volonté de faire est plus importante que l'acte de faire. Aussi, apprenons à nous détacher du résultat pour encourager le processus d'apprentissage et le développement de la volonté de notre enfant.

Un enfant volontaire persévère dans l'aboutissement de ses actes et ne cède pas face à l'échec, il détient la motivation nécessaire pour recommencer jusqu'à ce qu'il parvienne à son but.

L'enfant ne fait pas de caprice, il aime obéir

Nous revenons ici sur une croyance fortement ancrée dans notre système éducatif. Pour éviter toute confusion sur le sens de cette assertion, il est nécessaire de repositionner le fonctionnement respectif de l'adulte et de l'enfant : l'adulte raisonne en finalité, l'enfant vit en processus sensoriels.

Adulte-enfant : des fonctionnements distincts

À l'âge adulte, la maturité de notre système neurologique nous permet d'abstraire et de nous projeter instantanément dans le passé ou le futur. Nous pensons toutes nos activités avec un but préétabli.

Il n'en va pas de même pour les jeunes enfants : jusqu'à 6 ans, l'enfant appréhende essentiellement le monde par ses sens. Il ne raisonne pas en finalité mais vit en processus : il expérimente pour comprendre puis valider ses hypothèses.

Cette distinction est souvent source de nombreuses incompréhensions entre les enfants et les adultes, et mène fréquemment aux conflits du quotidien que nous connaissons. Car cette distinction est de taille : nous vivons à des rythmes différents, dans des sphères temporelles différentes.

Tandis que nous sommes préoccupés par nos plannings et nos objectifs, le petit enfant est bel et bien ancré dans le présent. Tandis que nous agissons avec des buts à atteindre à plus ou moins long terme, l'enfant expérimente à son rythme ici et maintenant.

Essayons de préserver l'insouciance de notre enfant en respectant le plus souvent possible son rythme et sa notion du temps présent.

Rappelons que l'enfant explore pour apprendre et se perfectionner. Aussi, tout nouvel objet attire l'enfant et devient le but d'une mission d'exploration. Or notre réflexe est d'interpréter ses gestes en leur attribuant une finalité que nous nommons « caprice ».

La plupart du temps, nous sommes dans l'erreur d'interprétation et nous nous fâchons contre notre enfant, car nous oublions qu'il ne projette pas encore d'objectif conscient. **Ce qui compte pour les jeunes enfants, c'est le chemin, pas l'arrivée !**

L'exemple des flaques d'eau

Les enfants raffolent des flaques d'eau. Sauter dans l'eau est un jeu sensoriel (eau, reflets, éclaboussures, bruits de barbotage...) et moteur – le comble du bonheur pour un jeune enfant ! Lorsqu'ils sautent dans les flaques, ils n'ont pas d'autre objectif que de s'amuser et profiter de l'instant présent.

L'âge de raison qui succède à l'âge sensoriel nous fait perdre notre spontanéité et le goût de jouer dans ces mêmes flaques, car nous anticipons que nous serons trempés, que nous aurons froid et que nous serons sales... Autant de causes suffisantes pour nous gâcher notre plaisir.

Puisque nous anticipons, ne privons pas nos enfants des plaisirs de leur âge, laissons-les jouir du présent dans les flaques d'eau et pensons à préparer les bottes de pluie et un change !

Concilier la gestion du temps enfant-parent

Souvent, nous commettons l'erreur d'appeler notre enfant au dernier moment pour passer à table ou pour partir, mais il n'est pas prêt et tarde à venir car nous l'interrompons en plein milieu de son activité.

Il est important pour notre enfant d'achever son activité avant de commencer autre chose, c'est pourquoi nous devons faire notre possible pour le prévenir suffisamment à l'avance et lui laisser le temps de terminer son activité.

Anticiper notre planning nous évitera d'être dans l'urgence et de nous énerver avec notre enfant.

Si nous disposons d'un temps trop court, nous pouvons utiliser un *timer* ou un sablier pour lui notifier la fin de son activité.

Distinguer les besoins des désirs

Nous définissons communément un caprice comme un état de crise de l'enfant pour obtenir ce qu'il désire ; or durant les premières années de sa vie, c'est essentiellement des besoins que l'enfant éprouve. Avant l'âge de 3 ans, ce que nous appelons à tort « caprice » est en fait l'expression d'une perturbation intérieure due à des besoins insatisfaits.

Les besoins sont des exigences physiologiques ou psychiques qui doivent être satisfaits pour le bon développement ou la survie de l'enfant. Par défaut, les désirs correspondent à tout ce qui n'est pas nécessaire à son développement ou sa survie.

Il est important que les besoins des jeunes enfants soient assouvis rapidement pour les aider à grandir en confiance. Répondre aux besoins des jeunes enfants leur apprend à demander de l'aide et les assure qu'une solution leur est apportée tant qu'ils ne sont pas autonomes.

Les désirs, quant à eux, peuvent être différés dans le temps, mais avant 3 ans, ils sont rares.

L'origine des conflits enfants-parents provient du fait que nous restreignons l'étendue des besoins de l'enfant.

Astuce

La formule « Dès que tu es prêt(e) » est très utile. Elle confère l'avantage de temporiser, de ne pas contraindre notre enfant à venir immédiatement et de le responsabiliser. Avec ces mots, nous lui rappelons en outre la confiance que nous lui portons.

Cette formule peut être utilisée dès le plus jeune âge. Exemple : « Nous passons à table dans 10 minutes, dès que tu es prêt(e) tu nous rejoins. »

Les besoins de l'enfant ne se limitent pas à la satiété, au confort, la propreté et la sécurité ; les besoins sont aussi d'ordres affectifs et psychiques : être en relation, découvrir, apprendre, comprendre.

La confiance en notre enfant est primordiale : lorsqu'il pleure il nous informe de quelque chose. Les pleurs sont l'expression d'un besoin, d'une émotion, d'une gêne ou d'une insécurité.

Les pleurs sont aussi un moyen pour l'enfant qui ne possède pas pleinement le langage de nous informer que nous ne le comprenons pas ou qu'il est dérangé dans son processus de découverte et de compréhension du monde. Nous négligeons ces besoins vitaux et nommons les pleurs « caprices ».

L'enfant est sensible à son environnement puisque c'est l'élément déterminant de sa construction. C'est pourquoi il peut être fortement affecté lorsqu'un élément de son environnement a été modifié ou vient gêner sa compréhension globale de la situation. La sensibilité à l'ordre ambiant peut provoquer des réactions vives de l'enfant, que nous appelons encore à tort « caprice ». Cette sensibilité à l'environnement peut durer jusqu'à 6 ans au moins.

Émile sur le chemin de l'école

Émile, 3 ans, va à l'école depuis quelques mois et emprunte le même chemin tous les jours. Un matin, ils rencontrent des amis et sa maman modifie le trajet habituel. Émile fond en larmes et est inconsolable jusqu'à l'arrivée dans sa classe. Ce changement subit de son ordre coutumier a provoqué chez Émile un bouleversement tel qu'il s'est senti insécurisé.

Si nous ignorons que les enfants sont sensibles à l'ordre, aux rituels et à la routine, nous ne pouvons pas comprendre qu'un si petit détail les trouble autant et nous qualifierons cette réaction de « caprice » plutôt que de les rassurer. Un enfant très sensible à la routine aura besoin de plus d'explications devant les changements à venir.

Quand les désirs apparaissent

En grandissant, les désirs apparaissent. Il est important pour notre enfant que nous l'aidions à distinguer ses besoins de ses envies et que nous lui apprenions à temporiser les désirs : nous ne pouvons pas tout obtenir tout le temps tout de suite.

Quand nous choisissons de faire plaisir à notre enfant, indiquons-lui un cadre clair avec des limites explicites pour l'aider à prendre conscience de ce que nous lui offrons.

Lorsque les frontières sont trop floues, l'enfant teste les limites du cadre proposé et entre dans une négociation.

Il est naturel de vouloir négocier, mais souvent dans ce cas, l'enfant se focalise davantage sur ce qu'il n'obtient pas plutôt que sur ce que nous lui offrons ; cela génère une insatisfaction plutôt que du plaisir.

En indiquant clairement un cadre défini à notre enfant et en validant avec lui les conditions du contrat passé ensemble, nous l'impliquons dans la délimitation du cadre, ce qui l'aide à en prendre conscience.

S'il est petit, n'hésitons pas à répéter plusieurs fois l'accord passé.

L'exemple du manège

En tant que jeune parent, nous aimons faire plaisir à notre petit enfant et lui offrons volontiers un tour de manège. Puis notre enfant grandit et nous demande un tour, puis deux, puis...

Alors nous nous mettons à redouter de passer devant un manège, pour éviter une situation qui se termine inexorablement par des pleurs. Pour éviter cette situation, voici un exemple de proposition à lui faire.

Notre enfant nous demande de faire un tour de manège, nous acceptons et définissons à l'avance le nombre de tour qu'il fera, par exemple un.

Précisons-lui ce que nous ferons à la fin du tour. Par exemple : « Après un tour, nous irons acheter du pain, puis nous rentrerons à la maison. »

Répétons les termes de l'accord et faisons-les valider par notre enfant. Si notre enfant commence à négocier avant le tour de manège, nous pouvons lui demander de choisir entre faire un tour de manège ou aller acheter du pain maintenant. L'enfant choisit le manège et nous lui rappelons qu'après nous irons acheter du pain.

Généralement, avec un cadre clair, l'enfant est heureux du tour de manège que nous lui avons offert, il parlera peut-être du prochain tour qu'il fera ou nous informera qu'il avait envie de faire un tour sur le camion de pompier, mais il nous est tout à fait permis de rêver et d'imaginer ensemble. Cela est même fortement conseillé !

Si nous n'exhaussons pas toutes les envies de nos enfants nous devons en revanche les accepter et les considérer : avoir envie c'est être en vie. Sans les envies, la vie serait morne. Apprenons-leur à transformer leurs envies en rêves ou en projets.

« Connais-toi toi-même »

Un individu vit en complète harmonie quand il se connaît suffisamment pour faire coïncider ses envies avec ses besoins : qu'il ressent des envies qui viennent répondre à ses besoins.

L'enfant aime ses parents, il ne cherche jamais à les fâcher

Il est fréquent d'entendre des parents dire que leur enfant les « teste ». L'enfant qui apprend à connaître le monde, sa culture, les règles, les usages, ne teste pas ses parents, il teste son environnement pour en comprendre le cadre : ce qui est permis, ce qui ne l'est pas, de manière habituelle ou exceptionnelle.

Imaginer que l'enfant nous teste personnellement, c'est imaginer qu'il a l'intention de nous embêter. En se figurant que l'enfant veut l'ennuyer, l'adulte se braque et amorce un rapport de force avec l'enfant.

Or, c'est l'inverse qui se passe : l'enfant éprouve un amour incommensurable et une confiance totale pour ses parents.

Lorsque nous donnons une consigne à notre enfant et qu'il choisit une autre option que celle que nous lui avons indiquée, il ne choisit pas de nous fâcher mais de tester par lui-même les autres options qui s'offrent à lui et leurs conséquences, comme le ferait un scientifique.

Cela nous donne l'occasion de nous interroger sur le (bon) sens des consignes que nous donnons à nos enfants, si celles-ci sont fondées ou guidées par nos automatismes et les rapports de force. Si notre consigne est bien fondée, n'hésitons pas à apporter l'information nécessaire à une meilleure compréhension de la situation par l'enfant.

Répétons la règle pour valider le cadre s'il s'agit d'un principe incontournable, lâchons prise s'il s'agit d'une consigne rigide qui ne remet pas en cause les règles de la maison ou la sécurité de notre enfant.

L'exemple du gâteau

Notre enfant réclame de manger quelque chose (un gâteau !) avant le début du repas. Si la règle à la maison est de ne pas manger entre les repas, nous commençons par rappeler cette règle. Mais si notre enfant a faim, vérifions l'heure : il est peut-être plus tard que d'habitude et son horloge biologique se réveille. Si tel est le cas et que le repas n'est pas encore prêt, nous pouvons lui proposer de nous aider à préparer l'entré, par exemple, et de croquer une carotte, ou alors lui signifier que nous comprenons sa faim, car c'est l'heure à laquelle il mange habituellement, et que, exceptionnellement, nous acceptons de lui donner un fruit. Une carotte ou un fruit est un aliment sain, et il est parfois préférable de déroger aux règles plutôt que de risquer que sa faim passe et qu'il ne mange rien à table.

Le mot « exceptionnellement » s'avère très utile s'il est bien employé, car il vient renforcer la compréhension des règles et des consignes par l'enfant à travers des expériences concrètes, dans un sens ou dans l'autre, et nous permet de maintenir un cadre ferme mais non rigide.

L'obéissance se construit avec la volonté

Avant 3 ans, il est difficile pour l'enfant d'obéir systématiquement, car son développement psychique n'est pas achevé. Même s'il comprend la consigne, il est soumis à son élan de vie qui prend le pas sur le contrôle de sa personne.

Petit à petit, l'enfant organise sa pensée, ses mouvements et développe sa volonté. Petit à petit, son identité se structure et sa conscience émerge. Obéir, ce n'est pas se soumettre à une volonté extérieure contre sa propre volonté, c'est accorder sa volonté à celle d'une tierce personne. Car obéir sans volonté, c'est être sous la contrainte.

La motricité globale et la motricité fine sont de manière générale de bons indicateurs du niveau de conscience de soi atteint par un enfant.

La manière de se mouvoir du tout-petit en est l'illustration parfaite : sa manière de courir nous montre que sa démarche n'est pas encore assurée, ses gestes sont encore imprécis, son ardeur pas encore canalisée. Il est animé par la joie et l'amour de la vie, et prend progressivement possession de son corps.

Après 3 ans, l'enfant peut volontiers obéir s'il a grandi dans un climat de confiance mutuelle et totale, dénué de rapports de force avec ses parents. Pour suivre volontairement et facilement une consigne, il doit ressentir que cette consigne est bonne pour lui.

L'enfant sera réceptif aux consignes données avec amour et authenticité, celles qui contribuent à son bien-être et sa sécurité. L'enfant obéit à ce qui est juste.

Beaucoup de directives sont données pour notre confort personnel plutôt que pour le bien-être de l'enfant, et beaucoup d'autres sont dictées par le jugement extérieur plutôt que par notre cœur...

Par ailleurs, certaines consignes sont bonnes et justes, mais dictées sur un ton pas toujours empreint de patience et de bienveillance.

Si nous nous investissons d'un pouvoir sur l'enfant et que nous instaurons un rapport de force, tant sur le fond que sur la forme, il y a de fortes chances pour qu'il s'y oppose et résiste. Tâchons de donner des consignes qui aident notre enfant à grandir.

Un exemple pour utiliser les consignes

Au parc, notre enfant de 2 ans et demi s'empare du tricycle d'une petite fille :

Consigne négative

« Non, non, non ! Rends-lui son vélo tout de suite ! »

Cette consigne n'apporte aucun élément qui aide notre enfant à grandir, elle vise à justifier notre autorité auprès des autres adultes et répond à une peur du jugement extérieur.

Notre enfant peut ne pas comprendre pourquoi il doit rendre le vélo alors que la petite fille ne l'utilise pas, il n'a pas encore intégré la notion de propriété. Il a simplement été attiré irrésistiblement par le vélo.

Dans ce type de situations, la plupart du temps l'enfant se met à pleurer et les adultes se font des politesses, entre les excuses de l'un, la compréhension de l'autre et la morale faite à l'enfant.

Nous avons, dans ce cas, perdu une opportunité d'apprendre à notre enfant à entrer dans les codes sociaux.

Consigne positive :

« Ce vélo appartient à cette petite fille. Avant de l'emprunter, j'aimerais que tu lui demandes si elle est d'accord pour te le prêter. Vas-y, tu peux lui demander... »

Et comme dit Octave, 4 ans, aux enfants de Koko Cabane : « Quand on ne prête pas, on n'a pas d'amis. »

Politesse et codes sociaux

Toutes les consignes dirigées autour des codes sociaux et de la politesse peuvent faire l'objet d'une petite mise n scène théâtralisée, pour montrer à l'enfant comment faire (pour demander à passer, pour emprunter, pour dire « bonjour » ou « au revoir », etc.).

L'entrée de l'enfant dans les codes sociaux se fait en plusieurs étapes.

Avec l'entourage éloigné ou les inconnus

Dans un premier temps, entre 8 mois et 2 ans, le petit enfant est heureux d'avoir intégré les bases des codes et de pouvoir y participer.

Dire « bonjour » et « au revoir » de vive voix ou avec un signe de la main, est perçu comme un jeu amusant et une manière d'établir un lien avec les autres.

Dans un second temps, entre 2 ans et demi et 4 ans, son niveau de conscience a évolué, il a intégré les subtilités des codes sociaux et distingue la différence de statut entre les enfants et les adultes.

À ce moment-là, dans la plupart des cas, le rapport à l'adulte est plus difficile et l'enfant peut ressentir un embarras à dire « bonjour », « au revoir », « merci », etc. Il s'agit d'une réaction normale qui ne doit pas nous inquiéter, et plutôt que de dire « Oh ! Tu fais ton timide » soyons poli à sa place, et continuons comme si de rien n'était.

En observant un groupe d'enfants de cet âge, nous constatons qu'ils détiennent complètement l'usage des codes sociaux et l'appliquent à merveille entre eux.

Vers l'âge de 4 ans, ils sont en mesure d'appliquer tous les codes de politesse et nous pouvons leur rappeler en cas d'oubli !

En famille

En famille, nous observons les mêmes étapes d'entrée dans les codes, mais il est beaucoup plus simple pour un enfant de dire « bonjour » et « au revoir » à ses parents.

Les difficultés rencontrées en famille portent plus souvent sur les « s'il te plaît »/« merci ».

Ne soyons pas trop exigeants sur ce point en réclamant à tout prix les « mots magiques ». En forçant notre enfant à dire « merci », nous lui demandons de répéter mécaniquement une phrase, or la gratitude est un ressenti.

La meilleure façon de s'assurer que notre enfant intègrera les règles de politesse est de les appliquer soi-même quotidiennement, de manière authentique. Lorsqu'il sera prêt, il entrera spontanément dans les règles de bienséance sans y être contraint.

Les piliers de la pratique

Après avoir révisé une série de croyances pour une meilleure connaissance de notre enfant, examinons maintenant les points spécifiques de l'approche Montessori à mettre en œuvre chez soi. Prise de conscience et bon sens sont les ingrédients nécessaires à notre conduite du changement.

La parentalité bienveillante

La parentalité bienveillante est la capacité, en tant que parent, à guider et accompagner son enfant dans les débuts de sa vie et à se positionner en partenaire de confiance pour l'aider à vivre en harmonie avec sa personnalité.

Chacun de nous nourrit les meilleures intentions à l'égard de son enfant, nous devons néanmoins faire preuve de distanciation et éviter l'écueil de la projection de nos désirs. Le meilleur de notre point de vue n'est probablement pas le meilleur pour notre enfant.

Voici quelques exercices à accomplir pour incarner la bienveillance à l'égard de son enfant.

Faire le point sur sa vie

S'occuper d'un enfant, c'est d'abord s'occuper de soi. Où en sommes-nous personnellement, en couple, au travail ? Sommes-nous heureux, enjoués, persévérants, ou au contraire souvent fatigués, souvent à nous plaindre, à lutter?

Notre façon de vivre et d'aborder notre existence constitue le premier environnement auquel nous exposons notre enfant. Ce sont les valeurs de vie que nous incarnons quotidiennement au sein de cet environnement que nous lui transmettons directement, et qu'il va ancrer au plus profond de lui-même.

Notre enfant se porte bien quand nous allons bien; inversement, si notre enfant traverse une période difficile, il est possible que nous-même traversions une phase compliquée.

En cas de problème, faire uniquement le point sur son enfant n'est souvent pas suffisant, il faut aussi faire le point sur soi, son humeur, ses émotions, ses inquiétudes...

Devenir parent est l'occasion de choisir sa nouvelle vie, pour notre bonheur et celui de notre enfant.

S'affranchir des croyances et préjugés

Préjuger, croire, projeter, interpréter, sont autant d'automatismes qui nous empêchent de voir notre enfant tel qu'il est réellement et dont nous devons nous défaire pour qu'il se révèle à nous.

En faisant table rase de nos principes et de nos croyances, nous adopterons un regard neuf, neutre et « mieux-veillant » sur notre enfant – et sur tous les enfants en général.

Notre monde se plie à nos croyances. Adoptons les plus belles croyances qui soient au sujet de notre enfant et ses capacités.

Un exemple de croyance

Encore aujourd'hui, de nombreux adultes restent persuadés qu'un bébé pleure pour nous amadouer et être pris dans nos bras. Ces personnes mettent un point d'honneur à ne pas céder pour ne pas le « laisser gagner ».

La réalité est tout autre : notre enfant peut effectivement avoir besoin d'un câlin pour se sécuriser, ou tout simplement avoir besoin d'affection et de proximité avec son parent. Il utilise les pleurs car ils sont, à son âge, son unique moyen de nous alerter de ses besoins. Le bébé ne vit pas dans un état de guerre, mais dans un état d'amour.

Oublier les attentes

Par ailleurs, avoir des attentes peut représenter un frein au développement de l'enfant.

Pour pouvoir évoluer le plus sereinement possible, notre enfant doit ressentir que notre confiance en lui est totale, dépourvue de toute inquiétude.

Or les attentes sont comme les exigences, elles reflètent une insatisfaction, une impatience ou un doute, auxquels notre enfant sera sensible, ce qui pourra le gêner dans son développement psychomoteur, en éveillant en lui des peurs ou un manque de confiance.

Avec des attentes, nous privons notre enfant d'espace et de possibilités ; nous nous privons également du privilège d'être surpris et émerveillés.

Un exemple d'attente

L'attente la plus classique est celle de la marche de l'enfant. Les parents, la famille, les amis, les collègues : dès 12 mois, tout le monde s'inquiète de savoir quand notre enfant va se mettre à marcher.

Si aucun problème physique n'a été décelé, une chose est sûre, tous les enfants se mettent à marcher un jour, au moment où ils l'ont décrété. La marche est un élan d'indépendance qui se prend lorsque l'enfant est en confiance, qu'il se sent en sécurité et a développé un certain degré de volonté.

Si notre enfant redoute ce moment et tarde à se lancer dans la marche, ne le forçons pas à se mettre debout, mais donnons-lui plus de temps et d'amour, rassurons-le et faisons ensemble des activités pour qu'il renforce la confiance en soi.

Être en confiance

Être confiant, c'est s'ouvrir au champ des possibles. Effaçons ce que nous avons appris au sujet des enfants et de l'éducation pour écouter notre cœur et le leur.

Le secret de l'enfance est invisible à nos yeux, c'est par notre confiance et notre bienveillance qu'il se dévoilera.

Être humble

Être humble, c'est garder en tête que nous n'avons encore que très peu de connaissances concernant la construction de l'enfant, que la science avance doucement sur le sujet mais que le mystère n'est pas percé.

Ce que nous savons en revanche, c'est que :

- l'enfant grandit quoi qu'il advienne, avec ou sans ses parents ; il se construit seul ; ses potentiels, capacités et compétences éclosent seuls ;
- les parents n'enseignent pas la connaissance, l'enfant s'approprie la connaissance ;
- les parents collaborent à la construction de l'enfant, ils l'aident dans son travail de développement.

Avoir foi dans le potentiel et les intentions de son enfant nous permet de revenir sur certains principes de l'éducation traditionnelle et de réviser notre position de parents.

Nous savons dorénavant que lorsqu'un enfant éprouve un intérêt pour quelque chose, quelle que soit cette chose, notre rôle consiste à lui apporter les informations nécessaires à la satisfaction de cet intérêt. Il ne s'agit pas de le laisser faire à sa guise et de l'abandonner à ses volontés, mais simplement de prendre conscience de sa nécessité de comprendre le monde. Nous savons aussi que si notre enfant pleure pour venir dans nos bras, ce n'est pas un caprice, mais un besoin de tendresse qui doit être comblé, ou une peur qui doit être apaisée. Ainsi, nous devenons capables de lâcher prise et de laisser la nature (de l'enfant) prendre ses droits.

L'approche montessorienne de l'éducation nous suggère d'agir de manière indirecte auprès de notre enfant : par l'adaptation de son environnement et la mise en place d'activités et de jeux détournés.

Par exemple, comme nous l'avons vu précédemment, pour un enfant qui tarde à marcher, nous n'allons pas le prendre par la main et arpenter le couloir, mais passer du temps ensemble à faire des jeux/activités qui viendront étayer sa confiance en lui.

De la même manière, pour un enfant qui ressent une difficulté à lire, nous n'allons pas lui donner des exercices de déchiffrage, mais le sensibiliser aux sons et aux lettres à travers divers jeux qui vont venir soutenir l'enclenchement de la lecture.

Les premières actions indirectes

- *Préparer un environnement bienveillant adapté au stade de développement de l'enfant.*
- *Ne pas préjuger de la personnalité et des traits de caractère de son enfant : les étiquettes que nous donnons dès la naissance sont autoréalisatrices.*
- *Donner moins de consignes pour ne pas noyer son enfant sous une série d'injonctions.*
- *Observer son enfant.*

Adapter l'environnement

L'homme possède l'extraordinaire aptitude à s'adapter à tout milieu durant les premières années de sa vie. Prendre conscience de cette caractéristique nous permet d'être vigilant à l'environnement dans lequel évolue notre enfant et de choisir plus attentivement les éléments propices à son bien-être : c'est notre moyen d'exercer notre action puisque l'enfant l'absorbe. Il s'agit de la première application indirecte que nous propose l'approche Montessori, que Maria Montessori avait nommée l'« environnement préparé ».

L'environnement façonne l'enfant

« Nous sommes une matière qui épouse toujours la forme du premier monde venu. »

Robert Musil,
L'Homme sans qualité.

L'action exercée sur notre enfant entre 0 et 3 ans est indirecte, elle passe d'abord par la préparation de son environnement.

Nous avons vu que l'environnement exerce une forte impression sur l'enfant entre 0 et 6 ans, qui l'absorbe et se l'approprie pour pouvoir développer ses caractéristiques humaines et être un individu adapté à sa culture.

Donner des consignes a peu d'effet sur les enfants de 0 à 3 ans, il apprend par notre exemple et s'attelle à nous imiter.

Proposer un environnement adapté aux besoins de notre enfant équivaut à lui proposer un bon repas appétissant et rassasiant, dans lequel il choisit de puiser les éléments essentiels à son développement moteur, psychique et à son intelligence.

Nous devons constamment nous interroger sur la manière dont l'environnement agit sur l'enfant et vérifier s'il répond de manière effective à ses besoins fondamentaux.

L'aménagement de l'espace de vie ne doit pas se limiter à la chambre de l'enfant, il doit être pensé pour l'ensemble de la maison où l'enfant se rend : la cuisine, le salon, la salle à manger, la salle de bains.

L'environnement adapté répond au stade de développement de l'enfant et alimente ses besoins de :

- mobilité,
- langage,
- éducation des sens,
- compréhension du monde (ordre),
- motricité fine,
- Socialisation.

↘ *Voir aussi « Les périodes sensibles » (lexique p. 108).*

Les conséquences d'un environnement non adapté

Le petit enfant utilise son environnement pour se construire.

Un environnement non adapté au stade de développement de l'enfant peut conduire :

- à entraver son développement ;
- créer un climat familial pénible ;
- limiter l'émergence de son autonomie.

Une entrave au développement de l'enfant

L'enfant qui ne peut puiser directement dans son environnement les ressources essentielles pour suivre son développement naturel va être limité dans sa progression psychique et motrice.

Des exemples

- Un bébé qui a besoin de s'exercer à se mettre debout en préparation de la marche a besoin d'éléments sur lesquels s'appuyer pour se tracter. Il est possible d'aménager une barre de traction dans la chambre du bébé, face à un miroir, cela lui permet de se regarder passer de la station « quatre pattes » à la station verticale. Sans aucun élément de traction dans son environnement, l'enfant ne peut s'exercer seul à l'activité nécessaire à son besoin.
- Un bébé qui vient d'acquérir la marche a besoin de pratiquer la marche, il marche pour marcher et non pour aller quelque part ; si nous imposons trop souvent la poussette et que nous ne lui donnons pas suffisamment l'opportunité de marcher, ou que nous lui imposons des activités assises essentiellement, nous contrarions son développement moteur mais aussi son développement psychique.

Recommandations

- Observer son enfant nous permet de déterminer le stade de développement qu'il traverse, de comprendre ses besoins psychomoteurs et d'aménager l'espace en fonction de ses besoins.
- Accepter les besoins de son enfant et reconnaître qu'ils sont indispensables à son bon développement.

Un climat familial pénible

Un environnement mal préparé conduit à de nombreux conflits. D'une part, cela requiert une surveillance accrue de notre enfant, pour assurer sa sécurité. D'autre part, dire « non » continuellement peut vite devenir fatigant à la fois pour les parents et pour l'enfant.

Dire « non » est un message confus qui n'apporte aucun élément d'information à l'enfant : non à quoi ? En réponse, l'enfant exprime son incompréhension et sa gêne par des pleurs que nous qualifions de « caprice » alors que sa seule volonté était de manipuler pour comprendre.

Un enfant entravé dans son développement cherche à contrer les obstacles qu'il trouve sur son chemin.

Un exemple

Un bébé explore les jouets et objets en les portant à la bouche. Tous les bébés du monde adoptent cette pratique pour découvrir de manière sensorielle les caractéristiques d'un objet.

En tant que parents, nous devons accepter cette phase de découverte du tout-petit qui perdure jusqu'à ce qu'il entre dans la marche assurée et utilise ensuite ses mains pour appréhender le monde environnant.

Empêcher notre enfant de mettre un objet à la bouche est un obstacle majeur à son développement car c'est l'empêcher de mettre en lui des connaissances.

L'environnement préparé prévoit que les objets de l'environnement puissent être « goûtés » sans danger et en toute hygiène par le bébé et que tous les autres soient rangés ou mis hors de portée.

Recommandations

- Bien préparer l'environnement pour ne pas interrompre constamment les actions de notre enfant et ne pas avoir à dire non à toutes ses actions : ne laisser accessibles à notre enfant que les objets que nous acceptons qu'il touche. Si nous ne voulons pas que notre enfant s'empare des objets qui l'entourent, rangeons-les et mettons-les hors de sa portée.
- Avant de ranger et de confisquer l'objet à l'enfant, lui présenter l'objet désiré, le nommer et indiquer sa fonction. Laisser quelques instants l'enfant manipuler l'objet sous notre surveillance puis le ranger hors de sa portée si nous ne souhaitons pas qu'il l'utilise. Proposer un autre objet/jouet pour satisfaire le besoin de découverte de l'enfant.
- Mettre à disposition de notre enfant des éléments qui lui permettent de nourrir son développement psychomoteur.

Attention

L'environnement préparé doit toujours prendre en compte la sécurité et l'hygiène de l'enfant.

Une limite à l'émergence de l'autonomie

Si l'enfant ne peut tirer de son environnement les éléments nécessaires à son évolution psychomotrice, il se tourne vers les adultes qu'il sollicite et presse instamment de l'aider.

L'environnement non préparé est un frein à l'autonomie de notre enfant qui n'est pas libre d'apprendre à faire seul.

Un exemple

Disposer d'objets du quotidien adaptés à la taille et à la force de l'enfant lui permet d'être autonome dans sa vie quotidienne.

- Dès l'âge de 16-18 mois, notre enfant peut se servir seul de l'eau si nous lui avons au préalable montré le geste et que nous lui confions ensuite une toute petite carafe en verre remplie d'eau.
- Dès 18-20 mois, avec un petit couteau arrondi, notre enfant peut couper seul sa banane en rondelles.

Ces activités ne peuvent être réalisées par le petit enfant s'il ne dispose pas du matériel adapté. Il rate alors l'opportunité d'apprendre à faire seul, reste encore dépendant de l'action des adultes, son autonomie n'est pas encouragée.

Recommandations

- S'équiper d'objets de la vie courante petits et légers, qui puissent être utilisés par le petit enfant.
- Ranger ces objets à la portée de l'enfant pour qu'il soit libre d'y accéder selon son envie et ses besoins.

S'organiser

Autonomie, choix et liberté

Un environnement organisé et ordonné, adapté à la taille et à la force de l'enfant, lui permet d'accéder à ses jouets de manière indépendante, sans intervention de l'adulte. L'environnement convenablement préparé est un élément fondamental du processus d'autonomisation de l'enfant.

Accéder librement aux objets du quotidien et à ses jouets renforce sa capacité à choisir ce qui convient le plus à son besoin du moment. L'enfant ne prend plus ses jouets par « hasard », il peut effectuer un choix délibéré répondant à son besoin intérieur.

Des exemples

Un enfant qui veut faire un puzzle prendra plus aisément conscience de son besoin s'il sait où trouver ses puzzles, il peut y accéder et se servir seul, sans avoir à demander aucune aide à ses parents.

De la même manière, s'il a soif, il peut aller chercher dans la cuisine, sur une étagère à sa hauteur, son verre et se désaltérer sans avoir à crier : « De l'eau ! » si tant est qu'il ait développé le langage.

Structuration

La structuration de l'environnement de l'enfant favorise sa structuration psychique et sa sécurité intérieure.

Adopter un rangement organisé par pièce et par type d'activité favorise la fixation de repères et apporte une stabilité à l'enfant, lequel prend conscience que chaque chose a une fonction et une place. Il s'oriente mieux dans la maison et sait où trouver les choses pour une action donnée.

Cela lui permet aussi de se repérer dans le temps en fonction des séquences qui rythment une journée, et dans l'espace, selon les différentes pièces de la maison, qui ont chacune leur destination et disposent des objets y afférant.

L'environnement organisé et structuré stimule la capacité de l'enfant à se projeter dans le temps et dans l'espace. En grandissant, l'enfant aura davantage de dispositions à être ordonné et organisé s'il a bénéficié entre 0 et 6 ans d'un environnement structuré.

Esthétisme et simplicité

Plus l'environnement est épuré, plus il est simple pour le petit enfant de se l'approprier, de le comprendre, de s'y repérer, mais aussi de s'y mouvoir.

Un environnement trop chargé favorise le « désordre » intérieur : l'enfant a plus de mal à distinguer les objets et à identifier leur fonction, l'environnement devient source de confusion et d'encombrement.

En outre, un environnement trop chargé contribue à détourner l'enfant de son attention, cela freine sa capacité de concentration. Inversement, l'ordre extérieur favorise l'ordre intérieur, la sérénité et la concentration, car l'enfant en a une meilleure compréhension.

D'autre part, il est prouvé que les enfants sont sensibles à l'esthétisme et à la propreté : un bel environnement et de jolis objets attirent l'enfant à la découverte et à l'activité.

L'environnement idéal doit être organisé, ordonné, épuré, esthétique, sans surstimulation, mais suffisamment riche pour nourrir le développement et les activités de l'enfant.

La préparation de l'environnement de l'enfant est une opportunité de faire du tri et de nous séparer de ce que nous n'aimons pas vraiment ou de ce que nous n'avons pas pleinement choisi pour notre intérieur.

Liberté de mouvement

L'environnement doit assurer une liberté de mouvement à l'enfant dès sa naissance.

Construction et mouvement

Le mouvement libre nourrit la pensée de l'enfant ; réciproquement, la vie psychique de l'enfant nourrit le mouve-

Pour ou contre le parc ?

L'environnement adapté au stade de développement de l'enfant rend l'utilisation d'un parc superflue. L'enfant qui peut bouger librement en toute sécurité n'a aucune raison d'être enfermé dans un parc. Isoler un bébé dans son parc le coupe de son environnement physique et affectif, il l'entrave dans son développement qui nécessite mobilité libre et exploration.

Les messages que nous lui transmettons inconsciemment lorsque nous l'enfermons dans un parc sont chargés négativement :

- Le monde extérieur est dangereux.
- Tu es trop fragile.
- Nous n'avons pas confiance en toi.
- Tu n'es pas capable/tu n'es pas prêt…

Cas très rare, si nous devons impérativement nous absenter quelques très courts instants sans pouvoir prendre notre enfant avec nous, il est préférable de le laisser seul dans sa chambre bien sécurisée, de l'informer que nous revenons immédiatement et de fermer la porte. Nous exprimons ainsi notre confiance plutôt que la peur, le doute ou la méfiance.

L'unique avantage que pourrait trouver l'enfant au parc serait d'utiliser la barre pour se tracter de la position assise à la position debout ; c'est pourquoi, l'aménagement de l'espace Montessori du petit enfant propose d'installer un miroir couplé d'une barre de traction.

ment. C'est ce que l'on nomme la psychomotricité: l'unicité du corps et de l'esprit.

En étant libre de se mouvoir, le tout-petit apprend à se coordonner, se muscle et prépare chacun de ses membres à la station verticale.

En grandissant, l'activité motrice de l'enfant n'a pas toujours de sens aux yeux des adultes: nous pouvons observer notre enfant aller et venir, transporter, déménager, pousser des objets...

Notre confiance nous permet désormais d'accepter qu'une activité n'a pas nécessairement de signification pour nous, mais qu'elle est essentielle à la construction psychomotrice de notre enfant.

L'enfant doit avoir des mouvements avec un but défini pour alimenter sa volonté et son intelligence. Notre rôle est de l'aider à trouver par lui-même ses mouvements constructeurs par l'aménagement de son espace d'activités. Pour cela, il n'est pas conseillé de forcer les mouvements d'un bébé, de le faire asseoir ou de le mettre debout sans qu'il en soit capable seul.

La nature et la volonté de l'enfant sont ses meilleurs atouts. Laissons-les opérer.

Intelligence et mouvement

Le mouvement part du psychisme: il est d'abord l'expression du réflexe, de l'instinct, de l'expérimentation, et se développe ensuite en expression de la volonté, de l'effort et de la persévérance. Se mettre en mouvement, c'est se mettre en pensée et exercer sa volonté physiquement.

Quand l'enfant se met en mouvement, il expérimente. Son expérimentation le mène à des déductions qui forgent en lui des connaissances. Le mouvement

Pour ou contre le transat?

L'utilisation du transat n'est pas non plus préconisée dans la motricité libre, puisqu'une fois posé dedans, l'enfant ne peut plus se mouvoir selon sa volonté.

L'approche Montessori suggère d'installer le bébé sur un tapis de sol, suffisamment ferme pour prendre ses appuis pour se tourner, ramper, s'asseoir et se redresser, mais suffisamment souple pour amortir les chocs éventuels.

En revanche, le transat rehausseur peut s'avérer être un outil pratique quand le bébé est trop jeune pour s'asseoir dans une chaise haute. Installé confortablement à notre hauteur, sa position est idéale pour l'observation et la compréhension de la vie quotidienne.

Par exemple, le transat rehausseur offre la possibilité au bébé qui ne tient pas encore dans sa chaise haute, de partager le temps des repas. Les repas sont des moments conviviaux sources d'apprentissage de notre culture. Lorsque nous cuisinons ou faisons la vaisselle, le bébé, dans son transat, est heureux de nous observer et de participer à notre activité.

vient donc alimenter l'intelligence et la conscience de notre enfant.

Encourager le mouvement structuré étaye le cheminement intellectuel de l'enfant : sa capacité d'abstraction sera d'autant plus forte qu'il aura été libre de bouger et manipuler.

Le mouvement volontaire et structuré construit l'intelligence et la conscience chez l'enfant.

Des buts indirects aux activités

Prenons l'exemple d'un enfant qui entre dans la marche : ses premiers pas n'ont d'autre vocation que de marcher, car c'est l'éclosion d'une caractéristique humaine en lui ; au départ, il ne marche pas pour aller quelque part mais parce que c'est inscrit dans son « programme » de développement.

En lui donnant des occasions de s'exercer à la marche, nous aidons le petit enfant à perfectionner son mouvement et sa coordination, mais aussi la structuration de sa pensée logique. Très vite l'enfant dépasse l'aspect « mécanique » de la marche pour s'en servir comme d'un moyen pour planifier et exercer une volonté, ses déplacements sont alors l'occasion de vivre, découvrir et transformer son environnement.

Pour aider un enfant à structurer ses déplacements et à prendre conscience de son environnement, nous allons lui donner des motifs à ses déplacements : un but à atteindre.

Nous pouvons par exemple l'inviter à aller chercher un objet dont nous avons besoin ou lui demander de nous aider à apporter le linge sale dans la machine à laver.

Un exemple de geste constructeur

Les enfants qui viennent d'acquérir la marche ont un goût prononcé pour le balai. Offrir à notre enfant un balai de petite taille est un succès assuré. Le jeune enfant est poussé de manière irrépressible à vouloir imiter les gestes des adultes. Au départ, il ne balaie pas pour nettoyer le sol, mais pour se mettre en mouvement. Par cette activité simple et répétitive, il commence à structurer ses mouvements, ses gestes ainsi que sa pensée logique.

Sérénité et mouvement

Les mouvements de l'enfant nous indiquent son état psychique intérieur.

Un enfant serein a des gestes précis et minutieux, son application et sa concentration révèlent une conscience de soi et du monde extérieur.

Au contraire, un enfant insécurisé est agité physiquement, il gesticule et ne peut maîtriser ses mouvements qui sont désordonnés et malhabiles.

Dans pareil cas, notre enfant aura besoin d'activités méticuleuses de recentrage, comme par exemple dessiner sur une toute petite feuille ou découper des bandes fines de papier. De telles activités lui permettront de rassembler et de canaliser ses énergies, et ainsi de se calmer (voir p. 21, « Concentration et mouvements »).

Nous pensons souvent qu'un enfant agité doit se défouler, il a au contraire besoin d'être apaisé par une activité calme qui pourra l'aider à se concentrer.

Liberté de choix

« Seul l'enfant qui connaît ce dont il a besoin peut en vérité choisir librement. »
Maria Montessori

En mettant à disposition de notre enfant un cadre préparé qui offre la liberté, nous lui apprenons à faire des choix.

Choisir n'est pas un acte inné, c'est un acte qui s'acquiert par l'expérience, ainsi que par la connaissance de soi et de son environnement. Au départ, les choix de l'enfant sont basés sur la curiosité, mais en grandissant, l'enfant qui a capitalisé des expériences, pris conscience de soi et du monde, devient capable de choisir en connaissance.

Car choisir en conscience, c'est connaître et disposer des informations nécessaires à un choix juste.

Nous ne pouvons percevoir ni connaître la force intérieure qui guide notre enfant. Seul l'enfant sait ce dont il a besoin à un instant donné.

En observant son évolution et ses choix dans le cadre que nous lui avons fourni, nous apprendrons ainsi à le découvrir peu à peu.

En offrant la liberté de choix à notre enfant, nous lui donnons l'occasion de choisir ses activités « en connaissance » de lui-même, de ses besoins, de ses envies, de ce qui est bon pour lui. Il apprend à exercer sa volonté.

La liberté de choix de l'enfant le mène à sélectionner l'activité qui lui convient le mieux à un moment donné, celle qui éveille son intérêt, et donc celle qui est la plus susceptible de le mener à la concentration.

Comment faire évoluer l'environnement préparé

Notre enfant évolue rapidement entre 0 et 3 ans, tant dans sa motricité que dans ses sensibilités, et les objets que nous pensions à l'abri pendant un temps sont à présent à sa portée.

Nous ne remarquons pas forcément immédiatement les évolutions internes de notre enfant et il se peut qu'il vienne à s'emparer d'un objet que nous ne souhaitons pas qu'il manipule.

Si cela arrive, doucement, nous lui retirons des mains cet objet, nous le nommons et le présentons, en expliquant clairement les raisons pour lesquelles nous ne souhaitons pas que notre enfant s'en saisisse.

Il est fondamental de ne pas disputer l'enfant, ni de briser ses élans de curiosité et l'éveil de nouveaux intérêts. Notre aménagement de l'espace est alors à revoir.

Un exemple

Si nous disposons d'une plante verte posée à même le sol dans le salon ou le couloir, pendant plusieurs mois cette plante n'aura aucun intérêt pour le bébé. Puis vient un temps où l'enfant prend conscience de cette plante et s'y intéresse. Il y a de fortes chances pour qu'il saisisse les feuilles, les tire ou les arrache, qu'il mette les mains dans la terre et éventuellement la goûte.

Dans une telle situation, nous savons dorénavant que le petit enfant n'a pas voulu mal faire, qu'il ne s'agit pas d'une « bêtise », mais d'une exploration suscitée par l'éveil d'un nouvel intérêt. Il convient donc d'expliquer ce qu'est une plante, de montrer à l'enfant comment s'en occuper, de lui donner un petit verre d'eau pour qu'il puisse l'arroser, puis enfin, de réaménager l'espace pour disposer la plante hors de sa portée. Nous pourrons désormais régulièrement prendre soin de la plante avec notre enfant pour nourrir l'intérêt que cette plante avait suscité chez lui.

L'environnement préparé : récapitulatif

- *Sécurisé*
- *Organisé et structuré*
- *Épuré et esthétique*
- *Favorable au libre choix de l'activité*
- *Qui nourrisse les sensibilités de l'enfant*
- *Favorable à l'autonomie*
- *Qui contient des objets du quotidien adaptés à la taille et à la force de l'enfant, disposés à sa portée*

Coopérer avec son enfant

De la naissance jusqu'à ses 3 ans, l'enfant est occupé à comprendre et à classifier ce qui l'environne. C'est une tâche considérable pour laquelle nous allons l'aider, afin de soutenir son activité et de l'encourager à éveiller sa curiosité et son amour de la vie.

Présenter le monde à son enfant

« Offrez l'immensité du monde aux enfants et invitez-les à découvrir l'illimité. C'est la petitesse de l'objet à conquérir qui suscite lutte, compétition et jalousie. »
Maria Montessori

Après avoir organisé un environnement favorable au développement de notre enfant, puis s'être assuré qu'il évolue dans un espace riche et sécurisé, il nous incombe en tant que parents de lui « présenter le monde ». Nous oublions qu'à la naissance le bébé ne connaît du monde que ce qu'il en a perçu durant la grossesse, il découvre alors un monde nouveau, une culture, un langage, des coutumes et des habitudes qui ne sont pas encore les siens. Si nous ne présentons pas le monde à l'enfant qui le découvre, il devra faire le travail seul.

L'enfant construit sa représentation du monde entre 0 et 6 ans ; en commençant dès la naissance, sa vision et sa compréhension du monde en seront d'autant plus riches.

Présenter le monde consiste à montrer, nommer, expliquer chaque chose (les objets de la vie courante, de la rue, de la nature, les aliments, les animaux etc.) et faire le lien avec le reste, car les choses ont un nom, une place et une fonction les unes par rapport aux autres. Nous aidons ainsi l'enfant à comprendre que le monde fonctionne avec un ordre donné et que cet ordre a un sens. Présenter le monde, c'est lui donner du sens, construire la sécurité intérieure de l'enfant, développer ses sens et sa sensibilité, lui permettre d'étendre ses connaissances, poser sa conscience sur des éléments de son environnement, enrichir son vocabulaire.

Construire sa sécurité intérieure

Connaître son environnement est un besoin fondamental. L'être humain éprouve la nécessité de savoir où il est et où il va. La construction de tels repères est indispensable à la construction de la sécurité intérieure, de la confiance en soi et en l'extérieur. Sans sécurité intérieure, l'émergence de l'autonomie n'est pas possible, car la confiance détermine l'action ; la peur, à l'inverse, inhibe et rend toute initiative difficile.

L'enfant qui connaît son environnement se sent en sécurité, il est adapté et en confiance avec les autres et avec lui-même.

Développer ses sens

En présentant le monde à notre enfant, nous l'invitons à se tourner vers l'extérieur et à utiliser ses sens pour découvrir ce qui l'entoure. Utiliser nos sens concourt à leur éducation et leur raffinement, cela aiguise notre sensibilité au monde environnant.

Étendre ses connaissances

Découvrir chaque jour de nouveaux éléments apporte à l'enfant une meilleure compréhension globale de son environnement : il est capable de faire plus facilement le lien entre les choses, de généraliser, de comparer ou de distinguer les contrastes. Il dispose d'une connaissance plus vaste du monde qui l'entoure. Les connaissances permettent de faire des choix et viennent soutenir l'émergence de l'autonomie.

Poser sa conscience sur des éléments de son environnement

En désignant des éléments ou des objets de notre environnement, nous aidons notre enfant non seulement à développer ses connaissances mais aussi à éveiller sa conscience. L'enfant commence à percevoir des choses qu'il n'aurait pas discernées immédiatement et qui font éclore de nouvelles sensibilités ou nourrissent des sensibilités existantes. L'éveil des sensibilités accroît ses connaissances, lesquelles contribuent à l'éveil de sa conscience. Être en connaissance, c'est être en conscience.

Éveiller sa curiosité et son intelligence

Présenter le monde à l'enfant l'ancre dans une dynamique de curiosité. Parce que nous l'avons aidé à éduquer ses sens, étendre ses connaissances et éveiller sa conscience, nous avons alimenté son besoin de savoir. La période des « pourquoi ? » que traversent les enfants témoigne de leur désir de comprendre. En l'anticipant et en leur présentant le monde, nous leur fournissons les connaissances nécessaires au développement de leur intelligence.

Présenter le monde à son enfant c'est se positionner en observateur avec lui et commenter ce que nous voyons ensemble, en l'aidant à faire du lien entre les choses et les activités de chacun.

Par exemple, nous pouvons lui présenter les fleurs, les nommer, les sentir, observer ensemble le travail d'une abeille qui butine, la regarder s'envoler vers une autre fleur ou bien partir, peut-être vers sa ruche ? À la maison, nous pouvons expliquer le sens de nos gestes et les instruments que nous utilisons, quand nous nous coiffons, nous brossons les dents ou mettons la table. Cela peut être également au marché : regarder les étals de fruits et légumes, les nommer, les goûter, expliquer le rôle des différents marchands, et observer les clients, leurs vêtements, ce qu'ils achètent... Le monde est suffisamment vaste pour toujours y trouver mille intérêts à présenter à notre enfant qui l'éclaireront sur la compréhension qu'il s'en fait.

Enrichir son vocabulaire

La construction du langage débute à la naissance, et même certainement avant, durant la grossesse. N'attendons pas que notre enfant ait deux ans pour commencer à lui parler. Deux ans est l'âge non pas auquel l'enfant apprend à parler, mais l'âge moyen auquel il est prêt physiquement et psychiquement à révéler ce qu'il a capitalisé depuis le début de sa vie. Plus notre vocabulaire est riche et précis, plus celui de notre enfant le sera également. Nous hésitons parfois à utiliser un terme qui peut nous paraître spécifique, pensant qu'il serait trop compliqué pour un petit enfant, mais un petit enfant n'appréhende pas le mot « doryphore » de manière plus difficile que le mot générique « scarabée ». Appelons chaque chose par son nom pour enrichir le monde de notre enfant.

Des jeux pour favoriser la compréhension du monde

Il s'agit des toutes premières devinettes auxquelles nous pouvons jouer avec notre bébé ou notre enfant qui grandit. Ces jeux peuvent être adaptés selon les idées ou les goûts de chacun, l'essentiel étant de disposer d'un point d'intérêt suffisamment fort pour que l'enfant fixe son attention : un détail amusant, une porte d'entrée vers le jeu, qui va aiguiser la curiosité de l'enfant. Le secret de ces jeux est de prendre plaisir à les partager avec son enfant, de s'amuser avec lui.

Les bénéfices de ces jeux

- Enrichissement du vocabulaire.
- Raffinement des sens.
- Découverte et compréhension des éléments de son environnement.
- Renforcement de la complicité et de la confiance enfant-parent.

Jeux sensoriels

Mon petit œil

- **Avec un bébé :** nous donnons au bébé directement le nom d'une chose ou d'un objet à trouver.

  Exemple : « Mon petit œil voit… une jonquille/une coccinelle/un hélicoptère… »

- **Avec un enfant qui entre dans le langage :** nous décrivons les qualités visuelles et la fonction d'un objet de notre environnement à trouver.

  Exemple : « Mon petit œil voit une chose qui vole, qui est rouge, qui a une hélice et qui fait du bruit… »

Ce même jeu peut être utilisé avec un imagier ou un livre d'images.

Nous pouvons aussi jouer à d'autres jeux, comme ceux qui suivent.

Ma petite oreille

« Ma petite oreille entend un son lointain, qu'est-ce que c'est ? » Cela peut être le carillon d'une cloche, le bruit d'une ambulance qui passe, d'un camion poubelle, d'un oiseau, d'un chien…

Ce jeu permet à l'enfant d'affiner son oreille, mais aussi de prendre conscience des bruits qui l'entourent et de les identifier, ce qui l'aide à se sécuriser.

Mon petit doigt

En fermant les yeux, nous pouvons nous amuser à toucher et à faire toucher à notre enfant une matière ou un objet, puis lui faire deviner de quoi il s'agit ou simplement lui décrire ce qu'il ressent.

Exemple : « Mon petit doigt touche une chose rugueuse, moelleuse et humide… Ça ressemble à une éponge. »

Mon petit nez

En fermant les yeux, nous jouons à deviner des odeurs.

Exemples : herbes aromatiques, fruits/légumes, fleurs...

Ma petite bouche

De la même manière, en fermant les yeux, nous nous amusons à deviner ce que nous avons dans la bouche en fonction du goût, de la texture...

Exemple : « Ma petite bouche goûte une chose sucrée, moelleuse et juteuse... C'est une pêche. »

Jeux d'association et de dissociation

Vers 18 mois, les enfants associent, dissocient, classent et généralisent pour construire intérieurement ce qu'ils comprennent de l'ordre extérieur du monde. Jouer à des jeux de mise en paires et des jeux de contrastes, les soutient dans ce processus.

Les associations

À cet âge, les enfants apprécient d'associer des choses identiques :

- associer deux images identiques avec un jeu de Memory placé à découvert ;
- associer des figurines d'animaux à des images ;
- montrer une couleur et trouver un objet de notre environnement de la même couleur.

Quand nous avons bien pratiqué les jeux d'association par la mise en paires avec notre enfant, nous pouvons jouer à des jeux de contrastes.

Les comparatifs

- Montrer un objet et trouver dans notre environnement un autre objet plus grand/plus petit.
- Quand l'enfant est plus grand, sa capacité d'abstraire lui permet de jouer avec son imaginaire.

  Exemples : trouver un animal plus grand/plus petit que le chat/le chien, etc.
- Montrer une couleur et trouver dans notre environnement un objet de couleur plus foncée/plus claire.

Les superlatifs

- Trouver dans notre environnement l'objet le plus grand/le plus petit.
- Trouver dans notre environnement la couleur la plus foncée/la plus claire.

Faire ensemble au quotidien

Les activités Montessori de « vie pratique » sont des activités individuelles décontextualisées (exercées hors de leur contexte domestique pour le simple fait d'accomplir un geste), qui se pratiquent sur un plateau et qui n'ont d'autre objectif que de mettre l'enfant en mouvements avec un but défini pour alimenter ses sensibilités, le soutenir dans la structuration de sa psychomotricité et le mener à la concentration par la répétition de gestes simples.

Il est tout à fait possible de mettre en place ce genre d'activités à la maison pour notre enfant et de les présenter comme des plateaux de « jeux ».

Il est également possible d'effectuer des activités de « vie pratique » ensemble, dans le cadre défini d'une activité ménagère. Dans ce cas, il ne s'agit pas d'un jeu, mais d'une activité réelle de la vie domestique.

Les activités du quotidien sont l'occasion pour l'enfant de 0 à 6 ans de :

- comprendre le monde et y participer ;
- se mettre en mouvements volontaires, simples, logiques et structurés ;
- apprendre à faire seul et gagner en autonomie ;
- construire confiance, estime de soi et persévérance ;
- partager un temps privilégié avec ses parents.

Retrouvons temps et plaisir

Faire coexister vie professionnelle et vie familiale, avec la logistique que cela comporte, relève parfois du marathon. Nous vivons dans une société où il est considéré comme normal de vivre à un rythme soutenu et de courir contre le temps. Nous n'arrivons plus à apprécier l'instant présent.

Nous cherchons à nous débarrasser rapidement des tâches quotidiennes qui prennent une place importante dans l'organisation de notre journée et qui sont perçues comme des contraintes.

Coopérer avec son enfant est un excellent moyen de reprendre le contrôle du rythme de sa vie, de vivre dans l'« ici et maintenant ». Considérons pour cela chaque tâche ménagère comme l'opportunité de présenter le monde à notre enfant et l'occasion pour lui d'y participer.

Plutôt que de laisser notre bébé ou notre enfant de son côté – alors que souvent il nous réclame – pendant que nous devons préparer le repas ou faire une lessive, nous pouvons décider de prendre le temps de faire ensemble.

Car les activités ménagères sont des activités sensorielles et motrices qui peuvent se transformer en moments agréables de complicité tant pour l'enfant que pour nous :

- cuisiner mobilise l'odorat, la vue, le goût, le toucher et la mise en mouvements structurés et répétitifs (mélanger, éplucher, battre, couper, mixer…) ;
- laver la vaisselle nous met en contact avec l'eau, la mousse ; il faut frotter puis rincer et essuyer ;
- balayer/passer l'aspirateur requièrent l'utilisation de l'ensemble du corps dans des gestes simples, structurés et répétitifs ;
- trier le linge par couleurs, le mettre dans un panier et le transporter jusqu'à la machine.

Nous transmettons en outre à notre enfant que les activités ménagères ne sont ni des contraintes ni des punitions, et que nous pouvons prendre plaisir à participer à la vie collective de la maison. Le petit enfant n'aime pas être aidé, mais il aime aider.

À chaque âge son degré de coopération

Il est possible de coopérer et faire participer notre enfant aux activités domestiques quasiment dès sa naissance. Dès que le bébé a pris connaissance de sa famille, de sa maison, et qu'il a assimilé une petite routine de sa journée, nous pouvons l'associer à quelques tâches ménagères.

La cuisine est l'activité la plus riche pour les enfants à tous les âges.

Pour faire participer notre bébé à cette activité, nous le portons en écharpe, face au monde, ou l'asseyons dans un transat rehausseur, à hauteur de nos mains. Sa participation est d'abord sensorielle : il regarde, il sent, il écoute. L'observation active également les neurones miroirs. Voir une action exécutée génère la même activité cérébrale que si l'enfant avait exécuté cette action lui-même. Nous observer accomplir nos gestes participe à l'apprentissage par imitation de l'enfant.

Un enfant qui aura vu ses parents faire de nombreuses fois, aura envie de faire, saura comment faire et pour quoi faire, il sera plus autonome qu'un enfant qui est resté isolé dans son parc, sur son tapis d'éveil ou dans sa chambre.

Puis, à mesure que l'enfant grandit et développe sa motricité, il peut toucher, prendre, goûter et contribuer de plus en plus activement à la cuisine.

Vers 5-6 mois, lorsqu'il est en âge de s'asseoir, nous pouvons l'installer dans sa chaise haute. Il peut ainsi utiliser ses mains, prendre une petite cuillère, puis plus tard un bol dans lequel il pourra mélanger, et ainsi de suite. Ses progrès croissant, sa contribution augmentera.

Quelques exemples

La soupe de Victor

Victor a 3 ans et demi et il adore faire la soupe en hiver. Il a commencé vers 15 mois, debout sur un marchepied, son rôle se limitant alors à mettre la pincée de sel, le bouillon cube (il assaisonnait d'ailleurs à cette époque tous les plats de bouillon cube !) et à mélanger. Au fur et mesure qu'il a grandi, sa contribution s'est étendue à :

- couper quelques légumes tendres avec un couteau à bout rond et les plonger dans l'eau ;
- allumer/éteindre la plaque avec l'accord et sous le contrôle de ses parents ;
- mixer les légumes, d'abord guidé, puis ensuite seul ;
- éplucher certains légumes ;
- brancher/débrancher le mixeur.

Ainsi au fil de son observation, de ses progrès et de sa pratique, son autonomie s'est développée tout comme sa curiosité, son envie de participer et sa confiance en lui.

Le moment du repas venu, le jeu de Victor est de faire deviner les légumes composant la soupe.

La lessive

Avant même de marcher, les enfants sont souvent très attirés par le tambour de la machine à laver le linge qui tourne et ronronne. Ils peuvent, avec notre accord et sous notre contrôle, appuyer une fois sur le bouton pour la mettre en marche.

Quand l'enfant entre dans la marche, son plus grand besoin est de marcher. À ce stade, coopérer pour les lessives est une activité idéale.

En donnant un petit panier à notre enfant, il se fera une joie d'aller le remplir de linge sale et de le mettre ensuite dans la machine à laver. Plus il fait d'allers-retours, mieux c'est, puisque le mouvement avec un but défini est constructeur de la psychomotricité de l'enfant.

Autres activités ménagères

Laver la table, balayer/passer l'aspirateur, faire la vaisselle, ranger les courses, arroser les plantes... sont autant d'activités qui ravissent les enfants.

Si vous avez un jardin, ces activités sont réalisables en extérieur. Notre enfant peut également ratisser, bêcher, arroser...

Notons que vers 16-18 mois environ, ou lorsque l'enfant a pratiqué la marche depuis quelque temps, survient la période de l'effort maximum. Il s'agit d'une période pendant laquelle l'enfant ressent le besoin d'éprouver physiquement sa force en déplaçant des objets lourds tels que des packs de lait ou d'eau, des gros sacs... Soyons respectueux de cette période et permettons à notre enfant de se tester et de soulever des poids lourds sans intervenir, en l'encourageant.

Cette période perdure dans le temps, de manière moins ostensible néanmoins. En observant bien, nous pouvons constater que les enfants jusqu'à 6 ans s'empressent de déplacer du mobilier à bras-le-corps, fièrement, dès que l'occasion leur est donnée.

L'attitude de l'adulte

Coopérer, c'est commencer par montrer à son enfant comment faire.

- Aidons-le à se repérer dans le temps et dans l'espace, en organisant de manière claire et logique notre plan de travail.
- Présentons-lui l'activité que nous allons faire ensemble et nommons les ustensiles/outils que nous utilisons.
- Soignons nos manières, adoptons des gestes lents et clairs. En agissant doucement et en conscience, nous captons l'attention de notre enfant qui comprend et assimile chacun de nos gestes.
- Alterner gestes et paroles est la meilleure manière d'être compris par notre enfant. Nos discussions viennent parasiter nos gestes, ce qui rend confus notre présentation. Expliquons avant de faire puis taisons-nous en nous concentrant sur les gestes importants.

Aider utilement son enfant

Aider utilement son enfant, c'est l'aider dans sa construction et ses apprentissages, sa compréhension du monde, le développement de son intelligence et l'éveil de sa conscience.

L'aider ou faire à sa place?

L'éducation traditionnelle considère qu'aider son enfant consiste à faire à sa place, la plupart du temps. Nous estimons normal de nous substituer aux actions et aux gestes des enfants. Souvent, la question ne se pose pas: l'adulte fait à la place de l'enfant, estimant qu'il est trop petit, pas capable, trop fragile, trop maladroit etc. Faire à la place de l'enfant est même parfois considéré comme une preuve d'amour: une maman aimante va faire manger son enfant, lui beurrer son pain, lui couper sa viande, jusqu'à un âge élevé parfois.

Pourtant l'enfant très jeune n'aime pas être aidé. Ces gestes anodins du quotidien peuvent avoir des conséquences nocives sur le développement de l'enfant, qui naturellement veut faire seul, pour apprendre et se construire.

Beaucoup de nos initiatives sont inutiles, beaucoup d'autres sont néfastes, car elles viennent entraver l'enfant dans son apprentissage, mais aussi dans sa volonté.

Nous négligeons le processus d'apprentissage par l'expérience et attendons de notre enfant un résultat rapide que nous jugerons correct ou non. Nous souhaiterions qu'il sache faire immédiatement, mais nous ne lui laissons pas l'opportunité d'apprendre à faire, de pratiquer, de se tromper et de recommencer pour se perfectionner.

Les mauvaises habitudes: interventions inutiles et entraves

Les interventions physiques

En intervenant auprès des enfants nos intentions sont-elles aussi nobles que nous le pensons? Quelles motivations nous poussent vraiment à aider nos enfants?

Nous leur ôtons un objet des mains, les soulevons, les asseyons sans les prévenir, leur demander leur avis ou prendre le temps d'observer ce qu'ils ont décidé de faire ni comment.

Lorsque nous pensons aider notre enfant en faisant à sa place, on se substitue physiquement à luipour plusieurs raisons:

- nous sommes pressés et nous souhaitons faire vite pour gagner du temps;
- nous nous focalisons sur le résultat plutôt que le processus et nous voulons les choses bien faites, ou pire, mieux faites;
- nous avons peur; dans ce cas, demandons-nous si c'est une peur rationnelle ou pas, afin de ne pas transmettre une peur personnelle non justifiée à notre enfant.

Les interventions verbales

Beaucoup d'interventions verbales des adultes viennent ponctuer les actions des enfants. Nous sommes habitués à commenter, juger, interpréter leurs gestes et leurs décisions. Nous sommes accoutumés à parler sans cesse et ne savons pas nous taire: « C'est bien », « C'est mal », « C'est trop », « Ce n'est pas assez », « Non, pas comme ça », « Attention ! », etc.

Même lorsque nous sommes contents ou fiers de notre enfant, nous le complimentons par un « Bravo » sans attendre qu'il ait terminé. Intervenir oralement interrompt l'enfant dans son action, parfois dans sa concentration.

Si nous souhaitons adresser un commentaire positif ou négatif à notre enfant:

- attendons qu'il ait terminé son action (sauf s'il se met en danger, bien entendu…);
- apportons-lui un retour d'information constructif pour qu'il puisse apprécier son progrès ou son erreur s'il ne l'a pas décelée de lui-même;
- valorisons son initiative, sa détermination;
- encourageons-le à recommencer s'il est déçu du résultat de son action.

Quelques notions

Aide inutile: toute action de notre part qui vise à faire à la place de notre enfant quelque chose qu'il sait déjà faire.

Entrave au développement: toute action de notre part qui empêche l'enfant d'apprendre à faire seul.

Notre volonté de choyer et protéger notre enfant ne doit pas aboutir à une surprotection qui l'empêche de prendre sa place dans le monde, développer ses capacités, son autonomie et son indépendance.

Laissons notre enfant nous montrer le chemin à suivre: si nous observons une difficulté, nous pourrons l'aider, notre intervention sera alors utile; s'il se débrouille seul, aidons-le en le laissant faire seul, intervenir serait sinon une entrave.

Propositions pour aider utilement notre enfant

- Interrogeons-nous non pas sur ce que nous devons faire, mais sur ce que nous devons cesser de faire.
- Commençons par montrer, avant de lui demander de coopérer: « D'abord je te montre, ensuite c'est toi qui fais. »
- Apprenons-lui que chaque chose a un début, un déroulement et une fin pour l'inciter à entreprendre jusqu'au bout et ne pas abandonner en chemin.
- Exerçons-nous à limiter nos interventions verbales et physiques.
- Le langage corporel est un excellent moyen de limiter nos interventions. Les mains et le regard sont d'excellents supports pour communiquer avec notre enfant. Un simple regard ou un simple geste peut le conforter, le soutenir dans son activité ou, au contraire, peut montrer notre désapprobation.

- Observons notre enfant sans parler avant d'intervenir.
- S'il nous est trop difficile de nous taire, tâchons de nous limiter à décrire ce que nous voyons, sans chercher à évaluer, juger et interpréter.
- Apprenons à notre enfant à demander de l'aide en lui rappelant que nous répondrons toujours à sa demande en cas de besoin.
- Si nous constatons que notre enfant est en difficulté et qu'il ne demande pas d'aide, nous pouvons lui dire que nous observons ses efforts, lui proposer de lui remontrer comment faire et lui donner l'occasion d'essayer à nouveau.

Les prérequis à ce changement de comportement sont la confiance mutuelle enfant-parent et l'environnement préparé.

Les barres rouges

J'avais présenté une fois à Victor le matériel Montessori des barres rouges ; il n'avait pas encore 3 ans à l'époque. Ce matériel a pour but la discrimination des longueurs en les classant en ordre décroissant. Cette activité s'effectue sur un tapis.

Quand je suis occupée à Koko Cabane, Victor m'accompagne et joue librement. Ce jour-là, lorsque je le vois transporter des barres rouges et les poser au sol, j'interviens aussitôt pour lui rappeler que les barres rouges se posent sur le tapis noir, sans avoir pris le temps de l'observer plus attentivement. Il me répond alors : « Mais maman, je voulais faire "A". » Je regarde sur le sol et constate qu'il avait disposé les plus grandes barres de sorte à représenter la lettre A et qu'il n'avait pas l'espace suffisant pour le faire sur le tapis noir.

Ce n'est pas l'usage classique de ce matériel, mais quelle jolie leçon j'ai reçue, me rappelant ainsi de ne pas intervenir trop rapidement. Parce que j'ai écouté Victor, j'ai pu voir et apprécier son travail, sans quoi je serais passée à côté de cette belle surprise.

Ne pas observer convenablement nos enfants nous conduit souvent à mal interpréter leurs actions, les interrompre, parfois les disputer à tort.

Prenons le temps de les observer et de les écouter avant d'agir.

Ne confondons pas rigueur et rigidité en nous attachant à des principes dépourvus de souplesse.

Les conséquences de nos interventions inutiles

Les conséquences motrices

Favoriser le résultat aux dépens du processus d'apprentissage, en faisant à la place de l'enfant, le prive d'opportunités de manipuler et de perfectionner ses mouvements et son adresse. En agissant à sa place, nous freinons l'émergence de son autonomie.

Au contraire, en prenant le temps de le laisser faire par lui-même, notre enfant affine ses sens et ses gestes, il devient autonome plus rapidement. Notre rythme quotidien ne nous permet pas toujours d'accorder du temps, mais le temps donné est rapidement rattrapé, car notre enfant devient autonome plus tôt, se passant de notre aide plus tôt, nous permettant ainsi de faire autre chose.

Les conséquences psychiques

Le petit enfant que nous interrompons dans ses actions est d'abord atteint dans son amour-propre. Il va commencer par exprimer son mécontentement par ce que nous nommons un « caprice ». Cette manifestation de l'enfant nous informe que nous entravons son développement naturel.

Avec le temps, c'est la confiance en soi, l'estime de soi, mais aussi la volonté et la persévérance de l'enfant qui en seront affectés.

Un enfant fréquemment interrompu dans ses actions finit par ne plus prendre d'initiatives. En grandissant il perd toute envie de découvrir et de faire, et il développe une tendance à abandonner facilement face à la difficulté.

Par ailleurs, si nous pensons faire à sa place par amour, pour lui éviter, quand il est tout petit, des tâches qui nous paraissent ingrates ou désagréables (comme mettre la table ou la débarrasser, beurrer ses tartines, essuyer la table...), il y a fort à parier que, lorsque nous estimerons qu'il est en âge de le faire, il considérera cette tâche comme une contrainte, voire une punition. C'est le cas pour de nombreux enfants de plus de 6 ans et d'adolescents, qui développent paresse, nonchalance, maladresse... et rechignent à participer aux activités domestiques.

Si au contraire nous avons toujours valorisé ces actions par la coopération, en faisant ensemble, en famille, ces gestes du quotidien seront considérés comme une routine.

Prenons conscience que c'est dans la petite enfance que se construit l'adolescent, puis l'adulte.

Les peurs

Quand nous intervenons auprès de notre enfant parce que nous avons peur pour lui, assurons-nous que le danger est bien réel et soyons vigilants à ne pas lui transmettre de frayeur injustifiée.

Les enfants ont un fort instinct de préservation, ils ne se mettent jamais en danger consciemment. Un enfant qui se met en danger est un enfant qui ne dispose pas de suffisamment de connaissances sur son environnement, il manque de conscience de lui et du monde. En lui présentant et lui expliquant le monde tôt, il y a peu de chances qu'il se mette réellement en danger.

Dans certaines situations, nous pensons que notre enfant se met en danger – il escalade un meuble par exemple – alors qu'il cherche à se tester et à éprouver sa force et ses limites ; dans ces cas-là, essayons d'attendre et d'observer avant d'intervenir. S'il peut aller jusqu'au bout seul, nous pourrons le féliciter pour son courage et sa ténacité, mais nous pourrons lui indiquer que nous avons eu peur et lui demander de ne plus recommencer si cela fait partie des règles de la maison.

S'il se met dans une situation dangereuse, ne nous limitons pas à l'arrêter et le disputer, expliquons-lui précisément la situation et la source du danger, pour qu'il puisse par la suite la percevoir de lui-même. Expliquons-lui aussi que notre réaction a été provoquée par la peur et non par la colère, afin de toujours le rassurer sur l'amour que nous lui portons.

Les limites

Limiter nos interventions auprès de nos enfants est nécessaire pour le développement de leur personne, tant sur le plan moteur que sur le plan psychique. Cela ne veut pas dire pour autant qu'il faille les laisser tout faire n'importe comment et n'importe quand.

Même si nous ne comprenons pas immédiatement la portée de ses actions, limitons nos interventions quand notre enfant est :

- calme,
- joyeux/heureux,
- concentré,
- en réflexion,
- en mouvement structuré.

En revanche, intervenons auprès de l'enfant ou stoppons-le dans son activité si nous observons :

- un danger extérieur,
- une rupture dans l'intérêt ou la concentration,
- un état d'insécurité,
- un état d'excitation,
- un manque de respect du cadre et des règles de vie, du matériel, de l'environnement ou des autres.

Un papa exemplaire au square

Un jour au square, un petit garçon âgé d'environ 2 ans et demi accompagné de son papa décide d'escalader un petit mur pour accéder à un pont de singe d'une hauteur de 1,5 m. Cela ressemble à une entreprise aventureuse pour ce tout petit garçon. Le papa fait confiance à son fils, l'écoute et l'observe entamer son exercice seul. Le petit garçon est déterminé, mais prudent . Il fait preuve d'une grande concentration pour franchir pas à pas le pont de corde. Son papa l'embrasse du regard, accompagnant chacun de ses gestes et lui assurant une sécurité par sa présence. Pas une fois il n'intervient, ni physiquement ni oralement, et ne se détourne non plus jamais de son enfant. À la fin de son parcours, le petit garçon manifeste une grande joie, et ce n'est qu'alors que le papa s'exprime en langue des signes, pour le féliciter. Ce papa sourd-muet est exemplaire en matière d'aide utile, de confiance et de respect envers son enfant. Même s'il a pu ressentir une éventuelle appréhension, il n'en a rien laissé paraître, permettant à son fils d'aller jusqu'au bout de son parcours.

Apprendre à observer

C'est en observant scientifiquement les attitudes des enfants dans un environnement leur permettant d'agir librement que Maria Montessori a pu déceler une partie de la nature de l'enfant.

L'observation est un révélateur

Observer ne se limite pas à regarder, c'est porter son entière attention, écouter, saisir, comprendre, en reliant des faits et en leur donnant du sens.

En observant notre enfant, nous allons apprendre à le connaître et le comprendre vraiment :

- nous serons capables de déterminer les sensibilités qu'il traverse et donc de répondre plus précisément à ses besoins ;
- nous serons témoins de progrès, petits ou grands exploits que nous aurions pu manquer ;
- nous cerneront plus facilement son caractère, ses goûts et intérêts, tout ce qui fait de lui une personne unique.

Observer nos attitudes d'adultes

Nous allons commencer par observer l'attitude qu'ont les adultes envers les enfants autour de nous : notre conjoint, nos voisins, les instituteurs à l'école, les parents dans un lieu public ou au square.

Nous noterons le ton, le regard, les gestes et la nature de toutes les interventions verbales et physiques que les adultes adoptent à l'égard des enfants.

Nous pourrons remarquer :

- **les points positifs** comme les marques d'affection, de confiance, les encouragements, le libre arbitre et l'autonomie laissée à l'enfant, etc.
- **les points négatifs** tels que les commentaires inutiles, les jugements, les mauvaises interprétations, les entraves à l'autonomie...

Les observations montrent que l'attitude de l'adulte envers l'enfant est plus souvent dictée par le code social et le regard de la société que par la confiance en son enfant.

Nous allons ensuite nous entraîner à observer notre propre attitude avec notre enfant et noter à chacune de nos interventions :

- **la nature :** intervention verbale, physique – ou les deux ;
- **la fréquence ;**
- **les raisons :** peur, agacement, gêne face au regard des autres, principe, performance (faire mieux, plus vite...).

Nous focaliserons ensuite notre observation sur les conséquences de notre intervention sur notre enfant :

- l'a-t-on interrompu ?
- que fait-il après notre interruption, arrive-t-il à reprendre son activité, a-t-il perdu sa concentration ?
- quelle émotion exprime-t-il : soulagement, réconfort, frustration, peine, tristesse, colère, honte, etc. ?

Nos observations vont nous permettre de réviser, si besoin, notre attitude envers notre enfant pour n'intervenir qu'au moment où cela est vraiment nécessaire et utile au bon développement de sa compréhension du monde, de sa conscience, de sa motricité et de son intelligence – ou pour sa sécurité.

Observer son enfant en bienveillance

Une fois que nous connaissons nos mauvaises habitudes et que nous sommes prêts à limiter nos interventions auprès de notre enfant, nous pouvons commencer à l'observer lui, son comportement, ses initiatives, ses choix... et apprendre à le découvrir un peu plus. Observer son enfant est une expérience surprenante à vivre sans modération, il nous suffit pour cela de nous retenir de parler et d'agir trop vite.

Observer en pratique

L'observation bienveillante est une activité passionnante et très enrichissante qui demande un peu d'entraînement et de pratique, et requiert aussi une certaine méthodologie de la part de l'adulte.

Avant l'observation

- Définir un temps d'observation ni trop long, ni trop court, un temps de pleine conscience dédié à regarder notre enfant, sans autre activité que la sienne.
- Se fixer un cadre d'observation qui permette d'orienter notre regard, avec pour seul objectif d'apprendre à découvrir notre enfant. Par exemple, observer les déplacements de notre enfant.

Pendant l'observation

- Noter les faits que nous observons sans porter d'interprétation ni de jugement, et lâcher toute attente de résultat et de performance de la part de notre enfant.
- Mentionner en marge son ressenti personnel permet d'éviter toute projection de soi sur son enfant. Noter nos émotions (rire, surprise, agacement, peur...) nous apprend à comprendre ce qui suscite habituellement nos interventions auprès de notre enfant.
- Être discret et éviter de trop bouger, pour ne pas interrompre les actions ou la concentration de notre enfant.
- Se retenir de parler – même pour faire des compliments ! – sauf si notre enfant nous pose une question.
- Observer ce que fait notre enfant, comment il fait les choses, et essayer de comprendre ce qui se passe – mais sans interpréter !
- S'émerveiller des petits riens ou des grandes choses, en silence – si notre enfant nous regarde pour observer notre réaction, nous pouvons lui sourire. Attendons qu'il ait terminé d'agir avant de parler, même pour le complimenter.

Quoi observer ?

- **Les mouvements :** sont-ils ordonnés/désordonnés, minutieux ?
- **Les centres d'intérêt,** la nature des activités qu'affectionne notre enfant selon les périodes.
- **Le degré d'autonomie :** l'enfant montre-t-il de la persévérance,

abandonne-t-il rapidement, est-il déterminé/volontaire/abattu/frustré, nous demande-t-il vite de l'aide ?

- **L'état de concentration :** intensité, durée, plaisir... Comment se sent-il à la fin de son temps de concentration ?
- **La répétition :** combien de fois fait-il et refait telle ou telle chose ? Son geste se perfectionne-t-il ?

Quand observer?

- Au moment des repas.
- Dans les moments d'exploration ou de jeu.
- Dans le bain.
- Au square.
- Dès que l'on peut !

Les bénéfices de l'observation

Le regarde de l'adulte justifie l'activité de l'enfant et lui donne du sens. En observant, nous acceptons que notre enfant agisse librement, guidé par son besoin intérieur.

Le regard de l'adulte aide l'enfant à maintenir son attention, sa concentration. Le regard contient l'enfant, le rassure, le regard est l'extension des bras de la mère, comme l'indique l'expression « embrasser du regard ». D'ailleurs tous les enfants en âge de parler s'exclament « regarde ! ».

Observer nous permet en outre...

- d'assister aux progrès de notre enfant, à l'éclosion de ses capacités et potentiels ;
- d'apprendre à mieux connaître et comprendre notre enfant, ses goûts, ses choix, sa créativité ;
- de voir qu'il existe d'autres manières de faire que la nôtre – l'enfant nous montre une façon de faire qui lui est propre ;
- de nous distancier et de comprendre d'où vient le problème en cas de difficulté passagère avec notre enfant.

Intervenir de manière intempestive auprès de son enfant l'enferme dans une pratique, une pensée unique et un formatage. Au contraire, observer en bienveillance tout en s'abstenant d'intervenir, ouvre le champ des possibles : des choses se passent que nous n'espérions pas.

L'autorité bienveillante

L'autorité, c'est évidemment l'autorité que nous vivons en famille, mais à une échelle plus globale, c'est aussi l'autorité qu'incarnent les générations antérieures de notre société sur les nouvelles générations. Cette autorité doit s'orienter vers davantage de confiance et de bienveillance pour une meilleure harmonie, en collectivité, à l'école et à la maison.

Partage et altruisme

Dans nos sociétés occidentales, nous cloisonnons ou opposons les générations entre elles plutôt que de favoriser l'entente, la transmission et la coopération. Pour instaurer une autorité bienveillante, améliorons la transmission des valeurs de partage et d'altruisme. Transmettre ne se résume pas à donner des leçons ou à conseiller; transmettre, c'est être responsable, donner l'exemple, incarner les vertus et la morale comme base d'élévation des plus jeunes.

L'autorité bienveillante ne peut se limiter à la seule communication bienveillante auprès de nos enfants; notre attitude, nos intentions et nos actes doivent eux-mêmes être bienveillants, pour le bien-être collectif.

Abandonner les rapports de force

Cessons de vouloir nous opposer et gagner face à nos enfants, ils nous le rendront bien.

Il est courant d'entendre dire que nous cédons face aux enfants ou qu'ils ont « gagné », comme si nous vivions en état de guerre permanent. Sortir de cette disposition est le premier pas vers la bienveillance.

Un enfant qui grandit dans un environnement conflictuel au sein duquel les adultes vivent en confrontation indirecte et souvent inconsciente avec les enfants, entrera également dans un rapport de force avec ses parents.

En cessant d'adopter un comportement basé sur les jugements, les fausses interprétations ou les exigences, en cessant de se focaliser sur l'obtention d'un résultat, nous pourrons devenir compréhensifs et confiants envers notre enfant en développement; cette confiance est la fondation de la bienveillance.

Le cadre que nous instaurons à la maison doit être sain et souple. Il doit être défini pour le bien-être commun des parents et des enfants, en prenant garde de ne léser personne. Le cadre et les règles de vie sont établis pour assurer l'amour, la sécurité et l'hygiène de vie de chacun, pour rassurer l'enfant et non pour le contraindre. Les choix faits par les parents en bienveillance visent au bien-être et au bon développement de l'enfant, ce qui ne rime pas toujours avec le plaisir immédiat.

Si la relation de confiance que nous avons réussi à construire avec notre enfant est réciproque, il saura alors que l'autorité de ses parents est bienveillante. Les enfants n'attendent pas de leurs parents la perfection, mais l'honnêteté et la considération.

Lâcher prise

Lorsque nous parvenons à abandonner le rapport de force avec notre enfant, nous commençons à lâcher prise. Accepter de lâcher prise n'équivaut pas à démissionner de son rôle de parent, mais à se défaire de principes trop rigides emprunts de pouvoir illégitime.

Le lâcher prise nous permet d'accepter notre enfant dans son processus de développement, et donc d'accepter un défaut de caractère ou de comportement passager que sa maturité viendra corriger naturellement.

Avertissement

Être en bienveillance, supprimer les rapports de force et lâcher-prise ne doit pas conduire à nier notre autorité parentale ou nos émotions en tant qu'individu. Acceptons nos sentiments face au comportement de notre enfant : nous pouvons être agacé, irrité, fâché et le dire à notre enfant, sans nous culpabiliser ni le culpabiliser.

Par ailleurs, si un comportement est contraire aux règles de respect de soi et des autres, ou aux règles de sécurité et d'hygiène, il doit être stoppé. Les règles peuvent être rappelées, expliquées et mises en perspective dans le contexte.

Pour être en mesure d'accepter, il nous faut connaître les étapes de développement que traverse notre enfant pour comprendre ce qui se passe sans préjuger ni interpréter à tort.

Par exemple, lorsque le jeune enfant connaît le besoin de verser, il se met à verser dès que l'occasion se présente. Or, la plupart du temps, il ne verse pas pour se servir à boire ou à manger, il verse pour perfectionner ses gestes, améliorer sa coordination œil/main, répondre à l'effort d'imitation, par dignité, autonomie et indépendance. Si nous ignorons qu'il s'agit d'une sensibilité que traversent tous les petits enfants, nous pourrions être tentés d'interpréter à tort ses gestes et interrompre son initiative.

Faire preuve de créativité

Rappelons que l'enfant ne suit pas le même rythme que l'adulte. Il est moins conscient des séquences temporelles et des contraintes domestiques, il est ancré dans le présent et perçoit le monde de manière non pas intellectuelle mais sensorielle ; il appréhende donc la vie gaiement, dans la joie et l'amusement.

L'enjeu pour nous parents est de concilier notre rythme à celui de notre enfant en rendant le quotidien agréable et les tâches domestiques attrayantes. Même adulte, nous n'aimons pas nous plier à une contrainte ennuyeuse, admettons que cela puisse être encore plus difficile pour un enfant.

Pour cela, nous devons faire preuve de créativité !

Essayons de remplacer les ordres par des histoires, des blagues, des devinettes, des expériences, des défis, des missions... Le quotidien sera plus léger pour aller se laver les dents, s'habiller, mettre la table ou aller se coucher.

Amusons-nous avec notre enfant ! Les enfants nous rappellent de vivre au présent, ici et maintenant, de nous émerveiller de petits riens, de redécouvrir nos sens et de rire.

Et quand nous n'y arrivons pas, prenons conscience que le problème ne vient pas de notre enfant, mais de notre humeur, de notre impatience, de notre fatigue, signe qu'il nous faut nous reposer et freiner notre rythme trop soutenu.

Rire

Les enfants sont très sensibles à l'humour, ils aiment rire, la vie est une joie pour eux ; le rire est donc une clé essentielle dans l'éducation, hélas insuffisamment utilisée, à la maison comme à l'école.

Un outil de lien

Rions avec notre enfant. Le rire est l'expression du bonheur, il scelle l'amour dans un moment de joie intense.

Le rire nous unit, il est le ciment de la relation enfant-parent et vient renforcer la complicité existante.

Un outil de réconciliation

N'ayons pas peur d'utiliser l'humour comme outil de désamorçage lors d'un conflit avec son enfant. Quand nous rions, nous sommes tous égaux. Le rire a l'avantage de mettre tout le monde sur un pied d'égalité et fait disparaître les rapports de force.

Le rire a en outre un caractère libérateur, il nous permet d'exprimer nos émotions ou nos tensions.

Par exemple, notre enfant commence à faire une chose que nous n'apprécions pas : au lieu de nous fâcher vraiment, nous pouvons emprunter une voix théâtrale qui caricature notre désapprobation. Cela a pour effet de faire rire l'enfant et de le détourner de son action. Plutôt que d'être adversaires, soyons partenaires.

Focus
sur le quotidien

En dépit de nos connaissances théoriques, de notre motivation et de notre bonne volonté, nous sommes parfois rattrapés par notre quotidien et faisons face à la confusion ou au doute. Dans cette section, nous examinerons concrètement comment vivre la pédagogie Montessori au jour le jour en faisant des propositions. Ces propositions sont à adapter en fonction des valeurs et du mode de vie de chacun, elles n'ont pas valeur de modèle exemplaire.

L'environnement préparé

L'action exercée sur notre enfant passe d'abord par la préparation de son environnement. L'aménagement de son espace de vie ne doit pas se limiter à sa chambre, il doit être pensé pour l'ensemble de la maison où l'enfant se rend : la cuisine, le salon, la salle à manger, la salle de bains.

Aménager la chambre

Dans le cadre de l'environnement préparé, nous conseillons d'organiser la chambre par aires d'activités.

Aire du sommeil

À partir du moment où l'enfant est prêt à dormir dans sa chambre, nous pouvons le coucher, dès son plus jeune âge, ans un lit sans barreaux, en posant un matelas à même le sol ou sur un tatami.

Disposer un tapis en contrebas du matelas permet d'amortir le passage au sol, quand le bébé commence à ramper.

Cet aménagement spécifique procure au bébé un champ de vision global de sa chambre plutôt qu'une vision restreinte au plafond.

En grandissant, l'enfant peut ainsi se coucher et se lever librement selon ses besoins, sans l'aide de ses parents, pour une meilleure autonomie.

Il est déconseillé d'accrocher un mobile au-dessus du lit, le lit étant un espace réservé au sommeil.

Aire d'activité

Pour le nourrisson

Cette aire est constituée d'un second matelas : le matelas d'activité, qui permet le mouvement libre et le développement sensoriel du bébé.

Autour du matelas d'activité, nous pouvons disposer :

- Un crochet fixé au plafond, qui offre la possibilité d'y accrocher un mobile, un anneau de préhension (anneau de bois que le bébé peut attraper), un grelot ou tout autre objet sensoriel qui appelle l'attention et soutient la concentration du bébé.
- Un miroir fixé au mur assorti d'une barre de traction : le bébé se regarde, joue avec son reflet, les ombres et les lumières, puis plus tard, reconnaîtra son image. La barre de traction encourage le bébé à se lever seul en toute sécurité en prenant appui dessus.
- Une étagère basse à la portée de l'enfant, sur laquelle nous posons les jouets, directement dessus ou rangés à l'intérieur de petits paniers.

Il est recommandé de ne pas surcharger l'étagère de jouets, elle doit toujours être attirante, esthétique et ordonnée.

Nous effectuons un roulement des jouets régulièrement, un à un, pas trop fréquemment pour que l'enfant fixe des repères, pas trop rarement pour qu'il ne se lasse pas.

Quand l'enfant marche

Lorsque l'enfant grandit et qu'il acquiert la marche, le matelas d'activité est supprimé au profit d'une petite table et d'une petite chaise pour toutes les activités manuelles ou de « vie pratique ». Le petit mobilier doit être suffisamment léger pour être déplacé par l'enfant et suffisamment lourd pour être stable.

Nous pouvons également introduire un tapis d'activité sur lequel nous allons disposer le matériel lors d'une activité.

Le tapis d'activité est de petite taille, il sert à encadrer et structurer l'activité de l'enfant dans un souci de logique et d'ordre pour tous les jeux de manipulation. Il sert aussi à canaliser l'énergie de l'enfant et éviter la dispersion. Il est déroulé en début d'activité, puis roulé et rangé en fin d'activité.

Conseil: il est préférable de ranger et réorganiser l'espace de jeu dès que l'on peut, et ne pas attendre la fin de journée, car l'ordre et l'esthétisme attirent l'enfant vers les activités. Un trop grand bazar décourage l'enfant qui se détourne de ses jeux.

Rappel: chaque objet se range à la même place pour répondre à la sensibilité de l'ordre de l'enfant.

Aire de change/de soin

Le change

C'est l'emplacement sur lequel sera langé bébé. Selon les préférences du bébé ou des parents, il pourra être effectué sur une table à langer classique, sur une commode ou même au sol sur un matelas à langer. Soyons attentifs à organiser le processus de toilette dans un esprit logique en disposant de manière structurée les produits et petits paniers qui nous sont utiles. Nous faisons en sorte d'adopter des gestes simples et compréhensibles de l'enfant, qui pourra ensuite participer à son propre change.

Le soin

Dès que l'enfant marche, il peut commencer à choisir ses vêtements et participer à son habillage/déshabillage. Une commode s'avère être le meuble idéal: les tiroirs sont à hauteur d'enfant, s'ouvrent et se ferment aisément.

Pour éviter les pincements de doigts, prenons le temps de présenter comment ouvrir et fermer un tiroir à notre enfant avant qu'il l'utilise seul.

Nous tâcherons d'avoir un rangement organisé et structuré pour faciliter la compréhension et l'organisation de notre enfant. Il est également possible d'utiliser des petits paniers thématiques auxquels nous associons l'image représentative du vêtement; l'essentiel étant toujours de faciliter l'autonomie de notre enfant. Exemple: panier de chaussettes, panier de culottes/slips, panier de tee-shirts...

Pensons aussi au petit portemanteau à hauteur d'enfant: très tôt les petits enfants aiment copier nos habitudes et prennent plaisir à accrocher et décrocher leur vêtement, tout comme ranger leurs petites chaussures soigneusement.

Les autres aires

Selon notre espace, nos goûts ou nos habitudes, nous pouvons envisager d'autres aires d'activités.

Aire de lecture

De la même manière que pour les jouets, nous sélectionnons une petite quantité de livres, que nous présentons de face sur une étagère ou dans une panière à portée de l'enfant. Nous pouvons disposer le reste de la bibliothèque plus haut, sur une étagère hors de sa portée. Cet aménagement confère l'avantage de valoriser le statut du livre, la bibliothèque hors de portée étant perçue comme un trésor inaccessible par notre enfant, dans laquelle il nous réclamera d'aller fouiller de temps en temps. Effectuons des rotations régulières des livres en libre accès en fonction de ses préférences du moment, des événements de notre vie ou des saisons.

La lecture est une activité à faire seul ou à plusieurs, dont nous n'abusons jamais assez.

En aménageant un espace douillet, avec de jolis coussins, et le rendant propice au calme, nous favoriserons le plaisir de lire de notre enfant.

Aire de musique

Nous pouvons prévoir un coin d'écoute de musique en mettant à disposition de notre enfant un petit poste de musique simple d'utilisation et quelques CD que notre enfant affectionne. À sa convenance, il peut aller mettre lui-même la musique de son choix, se reposer et écouter, ou bien chanter et danser. Pensons-y dès que notre enfant acquiert la marche assurée.

Coin arts plastiques

Si la chambre le permet, nous pouvons organiser un espace arts plastiques ou activités manuelles, avec par exemple un tableau pour le dessin ou la peinture, ou une grande ardoise murale à craies. L'utilisation de la pâte à modeler est également appréciée par les jeunes enfants. Ces activités soutiennent la motricité fine et l'approche artistique de notre enfant.

Laissons-le explorer librement ces activités – le résultat en termes d'esthétisme n'est pas important – l'essentiel étant toujours l'état de concentration de l'enfant, la nature de ses mouvements et la précision motrice.

Si l'espace n'est pas suffisant pour réserver un coin dédié, nous pouvons ranger et disposer les accessoires utiles à ces activités, de telle manière que notre enfant puisse aller les chercher seul. Prévoir une nappe ou un tapis pour que notre enfant puisse s'exprimer suffisamment librement sans risquer de tâcher quelque chose.

Aménager la cuisine

La cuisine est un lieu de vie dans lequel il est très instructif pour notre enfant d'évoluer. Nul besoin de tout chambouler, il suffit de quelques astuces pour faciliter son quotidien ainsi que le nôtre. Nous pouvons appliquer ces aménagements dès que notre enfant acquiert la marche assurée.

Deux précautions

- Disposer de manière permanente un marchepied sur lequel l'enfant montera pour accéder à tout ce qui n'est pas à sa portée : l'évier pour la vaisselle, le réfrigérateur pour aller chercher les aliments, le plan de travail pour éplucher, couper, mélanger... et les plaques de cuisson.

- Placer sa vaisselle et ses couverts sur une étagère à sa hauteur pour lui permettre de mettre son couvert seul avant de passer à table. Nous recommandons une vaisselle cassable pour encourager l'enfant à adopter des gestes contrôlés, il développera plus vite une grande dextérité. La vaisselle doit être adaptée à sa taille et à sa force.

Pour éviter les accidents

La cuisine est un lieu dangereux si nous n'avons pas pris les dispositions nécessaires et averti notre enfant de tous les dangers éventuels: four, plaques de cuisson, ustensiles contondants...

Le meilleur moyen d'éviter les dangers est de ne jamais laisser notre enfant seul dans cette pièce et de lui présenter tous les dangers de manière concrète: placer sa main près du four et des plaques pour qu'il en ressente la forte chaleur, lui montrer une eau bouillante, lui faire toucher doucement la pointe d'un couteau etc.

Si nous ne souhaitons pas développer l'autonomie de notre enfant dans cette pièce de la maison que nous trouvons trop dangereuse, nous devrons redoubler de vigilance pour tout ranger hors de sa portée et limiter son accès à la cuisine. La plupart des accidents domestiques sont néanmoins causés pas un manque de connaissances de l'enfant guidé par son besoin de découverte.

Aménager la sallede bains

Les principes d'accessibilité et d'autonomie sont les mêmes que pour la cuisine. À vous de décider si vous souhaitez adapter un espace dédié spécifiquement à votre enfant ou si vous préférez lui mettre à disposition les ressources nécessaires à sa propre utilisation de l'espace commun.

Quelques aménagements possibles

- Pour les parents qui ont la possibilité d'aménager un espace propre à l'enfant, vous pouvez disposer une bassine encastrée dans un meuble bas pour l'espace lavabo, laquelle sera remplie à l'aide d'un petit pichet d'eau puis vidée et nettoyée après chaque utilisation.
- Fixer un miroir à hauteur du visage de l'enfant lui donne la possibilité de s'observer en activité et d'admirer son résultat.
- Ses affaires peuvent être rangées dans des petits paniers classifiés (soin des dents, soin du visage, soin du corps, soin des cheveux). Nous n'oublierons pas de disposer une serviette de bain et/ou un petit peignoir à sa hauteur.

Équipement minimaliste

Pour les parents qui n'ont pas la possibilité d'aménager un tel espace, il est possible d'acquérir un petit lavabo en plastique à accrocher sur une baignoire, l'inconvénient est qu'il doit être installé puis désinstallé à chaque fois.

Sinon, seul un marchepied permettra à notre enfant d'accéder au lavabo et au miroir le temps qu'il grandisse. Il est possible bien entendu de prévoir une étagère basse réservée au rangement des affaires de notre enfant avec des petits paniers classifiés pour ordonner ses affaires.

Remarque: certains parents utilisent des pictogrammes pour indiquer les paniers de rangement à l'enfant (dans sa chambre, la cuisine ou la salle de bains). Toutefois, sa forte sensibilité à l'ordre lui permet très vite de se repérer dans les rangements.

Les repas

Suivis de près, à raison, par les parents, les repas ont une portée autre que la simple alimentation de l'enfant. Le repas est ce qui nourrit notre corps en énergie, il doit être sain et équilibré, c'est un temps social, il doit être agréable, c'est également un temps d'éveil des sens et de motricité durant lequel l'enfant va pouvoir acquérir son autonomie.

La diversification alimentaire

Le sevrage de l'enfant débute avec la diversification alimentaire. Il peut être plus ou moins long, selon l'accord passé entre la maman et le nourrisson s'il y a allaitement. Il marque néanmoins un changement important, car c'est le moment où l'enfant commence à manger une nourriture autre que le lait maternel/infantile, il commence à goûter au monde.

La diversification alimentaire est une étape clé qui marque une transition vers une interaction plus grande avec le monde alentour, elle mène vers l'acquisition d'un nouveau niveau de conscience de son environnement et d'un niveau d'indépendance supérieur.

L'enfant a développé de nouvelles capacités motrices, il quitte le giron de sa mère pour venir s'asseoir à table avec le reste de la famille, il ne tète plus, des dents apparaissent, il sait à présent mâcher, il n'est plus exclusivement tourné vers sa mère, mais vers l'extérieur.

Manger est un moyen d'entrer en relation avec son environnement et d'appartenir au monde.

Convivialité et socialisation

Le repas est un moment crucial pour l'enfant. En accueillant notre enfant à notre table dès qu'il est en âge de s'asseoir, nous lui témoignons notre considération et lui montrons qu'il appartient pleinement à la famille, au même titre que chaque autre membre. Il s'agit d'une marque de reconnaissance importante pour lui. Faisons bien attention de ne pas le caler entre deux personnes ni de l'installer en retrait et accordons-lui une place véritable.

Le repas est l'occasion de partager ensemble un moment privilégié. Faisons participer notre enfant à ce moment, même s'il est encore bébé et qu'il a mangé avant nous ; il pourra ainsi nous observer, nous écouter, goûter certains aliments.

Le repas est un temps d'apprentissage du code social et du langage. C'est aussi un moment de développement sensoriel (goût, odorat, toucher) et de découverte de la nourriture. Quand l'enfant grandit, essayons dès que possible d'aménager nos horaires pour déjeuner ou dîner ensemble en avançant nos horaires de repas et retardant un peu celui de notre enfant.

Prenons en compte néanmoins que le petit enfant éprouve le besoin d'être en mouvement et qu'il n'a pas la capacité à rester assis à table très longtemps sans bouger. Débarrasser ou aller chercher le dessert s'il a acquis la marche est alors une aubaine. Dans le cas où le repas se prolonge, laissons-lui la liberté de sortir de table, pour que l'idée d'être à table reste pour lui un plaisir et non une contrainte.

Motricité fine, coordination et mouvement

Permettons à notre enfant de manger seul afin de le laisser libre de ses gestes, et de découvrir à son rythme les saveurs et sa satiété. Le repas est un moment où les sens sont en éveil, retenons-nous de vouloir faire manger notre enfant, même si nous considérons qu'il ne va pas assez vite, qu'il se salit trop ou qu'il ne mange pas suffisamment ; il a entièrement raison de prendre son temps, d'explorer et d'écouter sa faim.

Si toutefois le jeu prend le dessus sur l'alimentation, c'est le signe que notre enfant n'a plus faim et que le moment est venu de lui retirer son assiette.

Pour le bébé

Dès 8 mois, nous pouvons proposer à notre bébé de la nourriture en petits morceaux moelleux, même s'il n'a pas encore de dents. L'enfant découvre alors des textures et consistances nouvelles.

Pour cela, préparons une assiette qui soit attirante et amusante (couleurs, goûts, odeurs et textures variés, du chaud et du froid), qui suscite l'envie de découvrir et de manger... avec les doigts !

Les opportunités de pratiquer la pince pouce/index sont rares pour le bébé car les tout petits objets peuvent s'avérer dangereux en cas d'ingestion. Le repas est donc parfait pour l'utilisation sans risque de la pince pouce/index. En laissant notre bébé manger avec ses doigts, il ira piocher des petits morceaux de nourriture dans son assiette selon son choix, son rythme et pour son plus grand plaisir. Il affine la motricité de sa main, s'exerce à la minutie, la précision et la coordination œil/main.

Manger avec des couverts

Prévoyons des couverts métalliques de petite taille : une fourchette, un couteau à bout rond et une petite cuillère pour le moment où notre enfant réclamera de manger « comme nous » – seul, bien entendu.

Le couteau est utile dès le plus jeune âge, car il permet à l'enfant de s'exercer à coordonner sa main gauche et sa main droite simultanément, même si l'action de couper ne lui est pas encore indispensable.

Pour boire, nul besoin d'utiliser un bec verseur lorsque nous sommes à table, il est préférable de proposer un verre en verre de petite taille.

Pour exercer le petit enfant à verser de l'eau, mettons-lui à disposition une toute petite carafe en verre dans un premier temps, puis au fur et à mesure de sa pratique, il gagnera en dextérité et sera en mesure d'utiliser la même vaisselle que la nôtre.

La mise en mouvement

Le mouvement avec un but défini est nécessaire à la construction de l'enfant. Disposer ainsi que débarrasser le couvert sont des activités qui conviennent parfaitement au petit enfant (dès la marche assurée).

Pièce par pièce ou sur un petit plateau, notre enfant sera très fier de nous aider à préparer la table du repas ou la défaire.

L'apprentissage des goûts

Il nous incombe de veiller à proposer à notre enfant une alimentation équilibrée et diversifiée pour une bonne croissance. Nous sommes également en charge de la découverte et l'apprivoisement de ses goûts. Lui présenter régulièrement de nouveaux aliments fait partie de son éducation : que ce soit des légumes et des fruits de saison, des fromages ou des plats « exotiques ». L'important n'est pas que l'enfant mange et finisse son assiette complètement, mais qu'il goûte pour affiner sa perception gustative, développer sa palette de saveurs et le rendre curieux. Les goûts d'un enfant en bas âge sont en constante évolution, il peut aimer un aliment un jour et ne plus vouloir en manger quelques mois après. Nous ne devons pas nous inquiéter et nous n'insisterons pas pour le faire manger s'il y a goûté, afin d'éviter tout blocage éventuel et tout conflit autour de la nourriture. Il nous suffira de reproposer ultérieurement (jours ou semaines) ce même plat pour y habituer l'enfant. Il y a néanmoins des aversions définitives pour certains aliments, ce qui peut arriver par exemple avec le fromage et que nous devons prendre en considération.

Bon appétit !

Se souhaiter un bon appétit est un code social important en France, c'est aussi ce qui marque le « feu vert » pour commencer à manger tous ensemble en convivialité et éviter que chacun mange de son côté, individuellement. Nous pouvons chantonner cette formule comme un rituel avant de débuter chaque repas.

Éviter les conflits autour de la nourriture

Traditionnellement, nous mettons un point d'honneur à ce que l'enfant finisse son assiette, comme si bien manger était le seul signe de bonne santé. Les adultes s'inquiètent d'un enfant qui mangerait peu ou pas lors d'un repas. Il y aurait effectivement des raisons de s'inquiéter si l'enfant s'alimentait peu dans la durée, or il est extrêmement rare d'observer un enfant ne plus manger ; il s'agit alors de cas pathologiques.

Au quotidien, les enfants s'autorégulent en fonction des besoins de leur organisme, de leur croissance, de leur système immunitaire, de leur humeur, du menu... Eux seuls savent quelles quantités leur conviennent. Savoir écouter ses besoins est une force, il est important de savoir reconnaître les signaux de la faim, de la soif et de la satiété.

Les besoins alimentaires de l'enfant ne sont pas aussi importants que nous le croyons, il est normal qu'un enfant mange moins qu'un adulte, sachant que nous-mêmes mangeons au-delà de nos besoins physiologiques.

Rappelons enfin que la nourriture de l'enfant ne se limite pas à ce qu'il y a dans son assiette, elle est aussi sensorielle, intellectuelle et affective. Un papa s'étonnait ainsi que sa fille réaménage le mobilier de sa chambre au lieu de venir prendre son petit déjeuner.

On peut facilement s'agacer de ce genre de situation à laquelle nous ne donnons pas forcément un sens immédiat, car nous souhaitons que notre enfant se nourrisse avant toute chose. Nous devons cependant accepter que le besoin de notre enfant réside parfois dans un autre type de nourriture : son activité. Une fois le rangement de sa chambre achevée, la petite fille est allée déjeuner.

Le soin

Le moment des soins est pour l'enfant un temps privilégié de maternage, de complicité et d'apprentissage en tête à tête avec son parent. Il est donc essentiel de disposer de suffisamment de temps pour ne pas expédier ce rituel. Les clés de la réussite pour les apprentissages relatifs aux soins sont l'environnement préparé, la coopération, la confiance, le temps et la patience.

Quelques rappels

Un moment d'interaction

Le temps du soin est un moment d'interaction qui aide le bébé à développer confiance et sécurité intérieure.

L'enfant n'a pas encore conscience ni du temps, de l'efficacité ou de la rapidité, il s'attache entièrement au processus, à la pratique et à la répétition des gestes. Il dispose de l'infinité du temps, veillons à ne pas le presser pour qu'il savoure ce moment pleinement.

Nous pouvons être particulièrement tentés, durant les soins prodigués à l'enfant, de tout faire à sa place – il est tellement plus facile pour nous de faire tout seul ! Mais notre rôle de parents consiste à aider notre enfant à acquérir les gestes de soin pour une meilleure indépendance.

Nous aiderons notre enfant à progresser tout en douceur vers cette autonomie dès les premières semaines de sa vie.

Respecter l'enfant

Devenir autonome dans les activités de soin de la personne lui apporte une grande dignité. Nous éviterons donc de tomber dans le piège de vouloir jouer à la poupée avec lui.

L'impliquer

Entre l'âge de 1 et 2 ans, les enfants développent une sensibilité pour les activités de soin, car c'est pour eux une période d'affirmation de leur personnalité. Nous profiterons de cette phase pour les impliquer.

Ritualiser

L'ordre et la répétition sont les principaux modes d'apprentissage du petit enfant, aussi il est important d'établir un rituel que nous renouvellerons tous les jours (ou presque) en respectant chaque étape du processus dans un ordre identique.

Simplifier

Comme nous l'avons vu dans les principes de la coopération, prenons garde de séquencer les actions longues de manière méthodique et de simplifier nos gestes pour les rendre compréhensibles par notre enfant. Quand l'enfant grandit, sa motricité lui permet de participer plus activement, alors nous guidons et accompagnons doucement ses gestes. Petit à petit nous espaçons nos interventions et lui proposons de faire chacun son tour, jusqu'au jour où il est capable de faire seul.

La toilette

Le bain :

Un moment de jeux et d'expériences

Transvaser, pêcher, couler ou laisser flotter, arroser, vider ou remplir, faire des bulles... Nul besoin d'acheter de jouets spécifiques ; des objets de cuisine simples et adaptés à la main de l'enfant (ou de la dînette) répondent largement à ses besoins : des petits gobelets, des petites bouteilles, une passoire à thé, un petit entonnoir, une éponge végétale...

Attention

• Ne laissons pas notre enfant seul sans surveillance dans le bain avant qu'il n'ait montré des signes de grande autonomie. À partir de 3 ans, notre enfant peut *a priori* prendre son bain seul, si nous laissons la porte entrouverte et que nous restons vigilant et à proximité de la salle de bains.

• Apprenons rapidement à notre enfant à utiliser le robinet d'eau du bain. Savoir situer le côté chaud et le côté froid et apprendre à doser l'eau qui coule permet d'éviter les accidents avec l'eau chaude/brûlante.

• En grandissant, l'enfant peut éventuellement préférer la douche au bain.

• Les enfants n'ont pas besoin d'être lavés tous les jours, à nous de déterminer le rythme qui convient le mieux à tous.

Un moment sensoriel et de découverte de son corps

Laver, frotter, faire mousser, rincer... chacune des parties du corps tout en les nommant. Nous le faisons avec lui jusqu'à ce qu'il demande à le faire seul ; si le jeu est bien mis en place, il est probable que dès l'âge de 2 ans l'enfant veuille le faire seul. Nous sommes là pour l'assister jusqu'à ce qu'il soit en âge de le faire tout à fait seul.

Le lavage des cheveux peut être déplaisant pour l'enfant, essayons de trouver un rituel « spécial cheveux » rigolo pour dédramatiser. Pensons à préparer une serviette pour que notre enfant s'essuie les yeux.

Un moment apaisant

Évitons les jeux trop stimulants après le bain pour garder les bénéfices de la relaxation du bain.

Se laver les mains

L'activité de se laver les mains est une activité de vie pratique préconisée par Maria Montessori après avoir observé que les enfants répétaient cette action au-delà de la seule raison d'avoir les mains propres.

Pour que notre enfant puisse se laver les mains confortablement en toute sécurité, il doit être à hauteur du lavabo. La solution la plus simple est d'acquérir un marchepied qui permette à l'enfant de se tenir plus en hauteur ; sinon, il est possible d'acheter un petit lavabo en plastique qui s'accroche à la baignoire (voir p. 73).

Nous trouvons encore des bidets dans certaines vieilles maisons : les enfants adorent ! C'est l'occasion pour l'enfant d'apprendre à ouvrir le robinet, à ajuster la pression du jet et à régler sa température en distinguant le chaud, le tiède et le froid.

Nous pouvons aussi prévoir une petite brosse à ongles, les enfants en raffolent.

Enseignons à l'enfant quand il est nécessaire de se laver les mains : quand elles sont ostensiblement sales, mais aussi avant chaque repas et après être allé aux toilettes.

Les soins du corps

Après la toilette, un moment de crémage corporel est l'occasion d'hydrater la peau de notre enfant par des massages. Le massage renforce la communication et le lien d'attachement avec notre enfant et favorise la détente. Masser son bébé renforce sa compréhension de son schéma corporel et l'aide à déterminer les limites de son corps d'avec son environnement. En grandissant, le massage continue d'être un plaisir sensoriel pour l'enfant, c'est un moment de tendresse.

Se laver les dents

Nous procédons de la même manière que pour le lavage des mains : sur le marchepied ou dans un lavabo adapté à la taille de l'enfant.

Pour s'assurer d'un bon lavage, nous pouvons laisser notre enfant frotter un peu seul puis nous reprenons la main pour garantir un bon nettoyage.

Ces activités ont un fort intérêt pour l'enfant pendant un temps, puis plus ou moins... C'est alors que nous devons faire preuve de créativité pour continuer d'attirer notre enfant à se laver les dents par le jeu. Gardons en tête que l'enfant est motivé par la découverte, nous devons donc innover dès que la lassitude se fait ressentir.

Une fois émoussé l'effet de la nouvelle brosse à dent ou du nouveau dentifrice, nous pouvons par exemple utiliser un *timer* ludique (des applications pour enfants sur *smartphone* sont disponibles), mettre en place une mission d'élimination contre les bactéries en usant d'une grosse voix rigolote et de gestes théâtraux, mener une enquête pour retrouver la brosse à dents et le dentifrice que nous aurons cachés (pas trop) au préalable ou toute autre idée amusante qui séduit notre enfant.

Se coiffer

Cette activité ravit les tout-petits qui entreprennent de se brosser les cheveux ainsi que les nôtres. En grandissant, les enfants prennent plaisir à se coiffer ou à coiffer les autres.

Se moucher

Apprendre à se moucher tôt est important pour garder dignité et estime de soi, le nez qui coule n'étant ni agréable ni esthétique, et encore moins hygiénique.

➔ Le change

Le nourrisson ne dispose au départ d'aucune autonomie en matière de change, son confort dépend de son parent qui le change régulièrement. Nous pouvons cependant démarrer la coopération pendant le temps du change en lui expliquant ce que nous faisons et en adoptant des gestes lents et précis.

En grandissant, le change devient souvent contraignant pour l'enfant qui s'agite ou rechigne à rester allongé.

Continuer de coopérer avec lui est essentiel, car nous l'aidons ainsi à prendre conscience de l'état de sa couche, si elle est sèche ou mouillée, puis il percevra petit à petit le moment où il fait ses besoins, ce qui représente le début de l'apprentissage de la propreté.

Si l'enfant n'est pas impliqué dans le change et que nous tentons de le distraire avec un jouet pendant que nous le changeons, le processus de conscientisation, et donc d'autonomisation, sera plus long.

Quand l'enfant acquiert la marche, nous pouvons changer sa couche en station verticale. Ce n'est pas forcément évident pour l'adulte au début, c'est une technique à prendre.

Le lieu de l'aire de change doit être défini (dans la salle de bains idéalement).

En étant debout, l'enfant observe plus facilement nos gestes et prend conscience de ce que nous faisons, comment et pourquoi.

Son implication est croissante, il participe plus activement, notre rôle n'est plus de le changer, mais de l'assister dans le change : il peut décider du moment où changer sa couche, prendre lui-même une couche propre (penser à préparer l'environnement de manière adéquate), défaire ou nous demander de défaire sa couche, nous l'aidons laors à se nettoyer, puis à remettre une couche propre.

C'est aussi au moment où l'enfant acquiert la marche que nous pouvons installer un pot.

Nous lui présentons le pot, à quoi il sert, et lui indiquons que lorsqu'il sera prêt il pourra l'utiliser librement.

Vers la propreté

Vient le jour où l'enfant désire utiliser le pot. Plus nous avons coopéré en amont en matière de change, plus son désir d'autonomie sera grand et l'accès à la propreté facilité.

Nous devons éviter d'avoir des attentes trop élevées ou d'exercer une quelconque pression sur notre enfant : la propreté est un processus naturel du développement humain qui survient lorsque l'enfant est sécurisé, en confiance et gagne en indépendance.

Ayons confiance en notre enfant, le processus peut prendre du temps : certains enfants décideront d'être propres du jour au lendemain, la journée comme la nuit, d'autres enfants seront propres en deux temps, d'abord le jour puis la nuit, certains enfants auront des accidents et d'autres pas.

Il est préférable qu'un enfant mouille son pantalon plutôt que de lui imposer une couche alors qu'il a entamé sa transition vers la propreté – sauf si la demande émane de lui.

Quand l'enfant a utilisé le pot, nous l'aidons à se nettoyer puis à vider le pot dans les toilettes, c'est lui qui tire ensuite la chasse d'eau. Nous l'invitons enfin à se laver les mains.

L'habillage

Ici encore, la coopération est de mise ! À la naissance, notre enfant est totalement dépendant de nous, aussi il est important de lui expliquer pourquoi nous le manipulons, afin que nos gestes prennent petit à petit un sens à ses yeux.

L'habillage et le déshabillage ne sont pas des moments agréables pour le nourrisson, qui peut se sentir bousculé, à l'étroit ou avoir froid, aussi en commentant nos gestes, nous le rassurons. Nos gestes doivent être lents, méthodiques et précautionneux.

Essayons de garder systématiquement le même enchaînement dans les processus d'habillage et de déshabillage, pour lui faciliter la compréhension et la mémorisation de l'enchaînement de nos gestes.

Au fur et à mesure que notre enfant grandit, sa participation s'accroît, il commence à mettre un bras tout seul, une jambe tout seul... De la même manière, pour que ces moments restent agréables, soyons créatifs, il faut que ce soit ludique pour l'intéresser.

Zipper, clipser, boutonner, sont autant de gestes qui amusent les enfants et pour lesquels ils peuvent faire preuve d'une grande patience si nous les encourageons.

Vers 18 mois, l'enfant peut être complètement autonome pour certains gestes. Aller mettre ses vêtements sales dans le panier prévu à cet effet est une tâche amusante.

Si l'enfant est sensible au choix des vêtements, pourquoi ne pas le laisser faire ? Il a certainement plus d'audace dans ses choix que nous n'en aurions. Néanmoins prenons soin de trier sa commode par saison au préalable pour éviter des combinaisons de vêtements été/hiver à une saison inadaptée !

Rappelons qu'aucune sensibilité ne doit être bridée, nous devons les alimenter tout en les encadrant et en les canalisant.

L'environnement préparé est ici aussi déterminant pour faire naître l'autonomie et favoriser les prises d'initiatives de notre enfant. Un espace adapté à sa condition lui donne envie de se l'approprier, comme cela nous est conté dans l'histoire de *Boucle d'or et les trois ours*.

Le type de vêtements

L'esthétisme est certes important, mais tâchons de ne pas oublier le confort, déterminant pour le développement de la motricité de l'enfant.

Notre enfant doit pouvoir se mouvoir sans être gêné dans ses gestes et ses déplacements.

Bannissons les vêtements trop rigides, trop longs, trop amples, trop épais... Prenons garde :

- aux pantalons trop longs sur lesquels l'enfant marche. Le revers doit être suffisamment haut sur la cheville pour ne pas tomber sur le pied et entraver la marche de l'enfant, surtout quand il commence à se redresser ou quand il n'a pas encore la marche assurée ;
- aux manches trop longues qui cachent les mains de l'enfant et nuisent à ses gestes, et ce à tout âge ;
- aux jeans et salopettes trop rigides, qui gênent la marche à quatre pattes,

la marche verticale ou la course et parfois viennent frotter le menton ;

- aux robes pour les petites filles qui ne marchent pas encore. Elles les empêchent de ramper ou de faire du quatre-pattes.

Les vêtements d'hiver

Manteaux longs et épais, bonnets, écharpes, cagoules... sont la hantise des enfants. Nombreux sont les enfants qui veulent se découvrir en hiver, parfois parce que nous les couvrons trop, mais aussi parce qu'ils sont engoncés dans des habits inadaptés à leur activité : courir et sauter en toute liberté.

Les enfants ont besoin d'être en contact immédiat avec leur environnement extérieur : trouvons un compromis entre protection du froid et liberté de mouvement.

Un frein à l'autonomie

Non seulement de nombreux vêtements sont inadaptés à l'enfant en développement, mais ils viennent en outre freiner leur autonomie dans l'habillage.

Les vêtements décrits ci-dessus restent contraignants, car le petit enfant ne parvient pas à s'habiller ou à se déshabiller seul et il a besoin de l'aide de l'adulte pour le pot ou les toilettes. Par exemple, une chemise risque fort de décourager un petit garçon qui ne manie pas avec habileté le boutonnage.

Privilégier le confort

Le *legging* est le vêtement idéal : pratique, confortable, esthétique et économique. Mixte, il peut s'accommoder avec de jolis accessoires, aussi bien pour un garçon que pour une fille. Il n'entrave pas la motricité ni l'autonomie de l'enfant qui peut aisément s'habiller ou se déshabiller seul, aller aux toilettes, sauter, danser... Il convient à tous les âges entre 0 et 6 ans.

Pour les bébés, à l'intérieur de la maison si la température le permet, le mieux est encore de rester en couche ou en *body*.

Le sommeil

Dormir est essentiel à la bonne santé physique, psychique, émotionnelle, et intellectuelle de chacun, il en va de même pour l'enfant comme pour l'adulte.

Le sommeil a une fonction vitale pour l'homme. Pourtant, le processus d'endormissement n'est pas aussi mécanique que celui de la respiration et il doit s'apprendre.

Concernant les tout-petits, les écoles s'opposent : d'aucuns prônent le co-dodo tandis que d'autres préconisent une séparation rapide du nourrisson d'avec ses parents. L'idée n'est pas de livrer ici une méthode mais de revenir sur certains éléments essentiels que chacun de nous pourra prendre en compte pour faire ses choix.

Installer un matelas au sol

L'installation d'un matelas au sol (voir p. 70) dès les premiers mois de l'enfant peut favoriser l'apprentissage de l'autonomie pour le sommeil, car il est libre, en grandissant, d'entrer ou sortir de son lit selon ses besoins : aller dormir quand il est fatigué, se lever quand il se réveille et est reposé.

Maria Montessori qualifie le lit à barreaux de « prison » que nous adaptons à notre confort et non à celui de l'enfant : surélevé pour ne pas avoir à nous baisser, clos pour ne pas troubler notre tranquillité.

Beaucoup de parents s'inquiètent de la sécurité de leur enfant la nuit avec ce type d'aménagement Montessori, mais la nuit, un enfant dort. Et s'il ne dort pas, c'est qu'il a un problème (cauchemar, pipi au lit...) et nous appelle.

Le lit à barreaux, en revanche, est davantage une sécurité pour l'adulte que pour l'enfant, car dès que l'enfant commence à se mettre debout, le danger est bien plus grand que sur un matelas posé au sol : l'enfant essaie de basculer de l'autre côté ou peut se cogner une tempe ou la nuque sur les rebords lors des premiers chahuts.

Le matelas disposé sur le sol est un aménagement en cohérence avec notre volonté de construire un rapport de confiance mutuelle avec notre enfant.

Les cycles du sommeil

Le sommeil est constitué de cycles. En ratant le moment propice au coucher nous pouvons faire manquer le « train du sommeil » de notre enfant et compliquer son processus d'endormissement.

Les enfants en bas âge ont besoin d'un nombre d'heures de sommeil important, néanmoins le besoin de sommeil est propre à chacun.

L'observation de notre enfant est le meilleur indice pour connaître ses besoins personnels et reconnaître les signes de sa fatigue.

La mise en place d'un rituel et le respect de l'heure sont des éléments incontournables d'un bon endormissement de notre enfant qui se sentira sécurisé par le respect de l'ordre habituel.

Un rituel apaisant

Favoriser la relaxation de l'enfant avant le coucher par un rituel apaisant et éviter toute activité stimulante, voire excitante (jeux, télévision ou autres écrans). À chacun de nous de trouver ce qui tranquillise notre enfant (une musique/chanson, une histoire, un massage, un câlin ou le tout !)

L'angoisse du sommeil

Le sommeil est aussi appelé « petite mort ». Les enfants ressentent souvent un sentiment d'angoisse au moment de plonger dans le sommeil. C'est un moment de complet lâcher prise, les enfants ignorent où le sommeil va les mener. Comprenons que notre enfant puisse redouter ce moment et accompagnons-le pour le sécuriser plutôt que de négliger ses peurs ou même de s'en moquer gentiment.

Lui dire que nous nous retrouvons demain pour une nouvelle belle journée peut lui apporter une visualisation réconfortante.

Fermeté et bienveillance

Être ferme, bienveillant et ne pas culpabiliser au moment de la séparation pour éviter les prolongations du rituel ou les rappels de notre enfant.

Cependant, s'il arrive malgré ces conditions que notre enfant nous appelle, ayons confiance en lui, il ne s'agit pas d'un caprice. Maria Montessori écrivait que l'enfant est un « maître d'amour » qui aime tant ses parents qu'il souhaite être à ses côtés le soir au coucher, tandis que nous n'y voyons que la peur d'être son esclave.

À l'âge adulte, nous avons conservé cette inclination à dormir près de l'être aimé, soyons donc indulgents.

Généralement, un enfant qui n'a pas besoin de ses parents ne demande rien ; lorsque notre enfant nous appelle, c'est donc qu'un besoin doit être satisfait ou une peur soulagée. La difficulté est d'y pourvoir suffisamment correctement pour qu'il puisse s'endormir en paix.

L'enfant apprend à apprivoiser le sommeil et à devenir autonome pour s'endormir. S'il est en difficulté, c'est notre rôle en tant que parent d'en chercher la cause et d'apporter une solution au problème, il n'est pas en mesure de le faire seul.

Notons que les conditions de la grossesse et/ou de l'accouchement peuvent être à l'origine d'une anxiété d'endormissement chez l'enfant.

L'apprentissage du temps

Pour certains enfants, aller se coucher c'est renoncer à toutes les activités qu'ils projetaient de faire. Aidons l'enfant à s'ancrer dans le temps en listant les différentes séquences de la journée.

Il est bon de discuter un bref moment de la journée qui s'est écoulée, des événements passés, des nouveaux apprentissages, des émotions vécues, de toutes les choses extraordinaires qu'il a accomplies, et aussi d'évoquer la nouvelle journée qui l'attend le lendemain...

C'est apprendre aussi que toute chose a un début, un déroulement et une fin, que les cycles se suivent et que l'on peut recommencer chaque jour.

➔ Le sommeil “forcé”

D'autres facteurs que le sommeil peuvent conduire l'enfant à s'endormir : des surstimulations, des peurs ou des gênes (trop de bruits, trop de mouvements). Par exemple, dans un supermarché, il est courant de voir les jeunes enfants dormir dans leur poussette, car l'espace est trop bruyant, trop lumineux et trop agité pour un bébé.

Nous constatons également que lorsque nous laissons un bébé pleurer sans le réconforter, il finit toujours par s'endormir faute de secours extérieur.

Un environnement inadapté au bébé le pousse aussi à s'endormir, c'est un mécanisme d'autoprotection : le sommeil est un moyen d'échapper aux éléments qui l'entourent et sur lesquels il n'a aucun pouvoir.

Par ailleurs, en tant que parents, nous concevons parfois les siestes et le coucher de notre enfant comme des moments de répit motivés par notre propre confort, alors que l'enfant n'est pas forcément fatigué. Il est important que l'enfant suive son propre rythme répondant à ses besoins personnels.

Les jouets

Les jouets sont les outils de travail de l'enfant pour l'aider à grandir s'ils sont choisis scrupuleusement. L'enfant ne joue jamais de manière futile, la portée de ses actions est profonde, elle tend vers la progression de son être tout entier, tant sur le plan physique que psychique.

En école maternelle Montessori, il n'y a pas de «jouets» à disposition, mais du matériel que l'on appelle «travail». Cette appellation a pour vocation de rappeler que les activités et les «jeux» des enfants sont à prendre au sérieux et qu'ils sont respectables. Les enfants peuvent «projeter» leur activité, c'est-à-dire avoir un projet qui va concrétiser l'aboutissement de leurs envies.

À la maison il n'est pas indispensable de s'équiper en matériel Montessori spécifique. En revanche il est fondamental de choisir les jouets de notre enfant en conscience.

Divertissement et travail

Nous ne devrions pas distinguer le jeu du travail pour les enfants, car à leurs yeux, ils sont une seule et même chose.

Il n'y a qu'à regarder avec quelle ardeur ils s'adonnent à leur tâche quand ils sont sur la plage, une pelle et un seau dans chaque main, comme s'ils étaient investis d'une mission. Cette « mission » n'est autre que le développement de leur motricité et de leur intelligence. C'est en jouant que les enfants se construisent.

Un bon jeu/jouet n'a pas pour mission de « divertir » l'enfant, mais de le mettre à l'ouvrage. Divertir signifie communément « amuser », mais aussi « distraire » au sens de détourner. Or notre but en tant que parent, n'est pas que notre enfant se détourne de la réalité, mais au contraire qu'il s'ancre dedans, pour une meilleure conscience de lui-même et de son environnement.

Notre société dispose d'une vision négative du travail que nous transmettons inconsciemment à nos enfants, et c'est à cause de cette vision dépréciative que nous avons pris l'habitude d'opposer jeu et plaisir. Sans le vouloir, nous enseignons à l'enfant que le travail est fastidieux.

« L'enfant est un ouvrier, le but de son travail est de produire l'homme. »

Maria Montessori

Associer jeu et travail pour l'enfant a l'avantage de lui offrir une dimension gratifiante du travail, mais aussi du jeu, qui est enfin considéré à sa juste valeur par les adultes.

Le jeu de l'enfant n'est pas un divertissement, c'est un travail; à nous de construire la réciprocité pour que le travail devienne un jeu d'enfant.

En réconciliant jeu et travail, nous aiderons notre enfant à prendre goût à l'activité et à l'effort, qui sont valorisants et porteurs de résultat.

Nous contribuerons aussi certainement à l'orienter vers une profession qui lui apportera plaisir et satisfaction.

➔ La mise en relation de l'enfant avec son environnement

Les bons jeux et les bons jouets vont aider l'enfant à participer de manière progressive à son environnement, puis à la société. Ils doivent être suffisamment intéressants et stimulants au regard de l'enfant pour susciter son intérêt et le pousser à l'action.

Se mettre en mouvement

Le bébé commencera par regarder un mobile et orienter son regard. Plus tard, il ouvrira la main pour saisir un hochet, ensuite il portera ce hochet à la bouche pour l'explorer. Ainsi, progressivement il mettra l'ensemble de son corps en mouvement pour aller s'emparer de ses jouets.

Entrer en contact avec l'extérieur

La mise en mouvement d'un bébé est rendue possible par un élan vital correspondant aux prémices de la volonté. L'homme possède un instinct d'exploration motivé par la tendance humaine à l'orientation, ainsi qu'un instinct grégaire (voir p. 108, « Les tendances humaines »). C'est pourquoi dès les premiers instants de sa vie, le bébé se met en relation avec son environnement.

Par l'utilisation de jouets adaptés à son stade de développement, nous pourrons soutenir l'éveil de son attention et le développement de ses sens.

En se connectant à son environnement, le petit enfant cherche à donner du sens à ce qui l'entoure.

En grandissant, ces mêmes caractéristiques lui donneront goût aux jeux de société.

Comprendre le monde et y participer

Les jeux auront un intérêt pour le jeune enfant s'ils lui permettent de comprendre le monde. Quand un jeu n'apporte rien de la compréhension du monde, l'enfant s'en détourne rapidement.

Lorsque l'enfant grandit, il recherche dans le jeu l'accès à l'indépendance, il aime pouvoir faire les choses sans l'intervention de l'adulte. Les bons jeux doivent permettre à notre enfant de construire son intelligence et d'accroître son indépendance.

Favoriser la concentration

La concentration est un processus de transformation qui rend l'homme plus intelligent, plus serein, plus éveillé socialement et donc plus heureux. Cet état de concentration peut être vécu très jeune si les jouets de l'enfant viennent nourrir ses besoins.

Plus l'enfant vit l'expérience de la concentration, plus il y prend goût, prend conscience de lui-même et de son environnement, et développe la capacité à se maîtriser.

Pour cette raison, lorsque l'enfant peut se déplacer, nous le laisserons choisir librement ses activités, car lui seul sait ce qui lui correspond le mieux à un instant donné. Nous augmenterons ainsi les chances que son intérêt fixe son attention pour déboucher sur la concentration.

Cela ne doit pas nous empêcher de lui faire des propositions si nous le voyons hésiter longuement.

Avertissement

Les classes d'âges n'ont qu'une valeur indicative, les capacités variant d'un enfant à un autre. La meilleure indication est notre enfant lui-même : nous connaîtrons ses capacités, ses goûts et ses besoins en l'observant au cours de ses activités.

Favoriser le raffinement sensoriel

Pour mener l'enfant à la concentration, son intérêt immédiat doit être suscité. Nous savons désormais que de la naissance à 6 ans, l'enfant développe puis affine ses sens, et que c'est par eux qu'il perçoit le monde extérieur. La main est l'outil de découverte du monde. La manipulation et le toucher sont, pour l'enfant, les sources d'information les plus importante sur l'environnement extérieur.

Les jouets utiles au développement de l'enfant sont des jouets sensoriels qui vont stimuler et perfectionner leurs sens et leur motricité fine.

Quelques exemples

- Pour un bébé : un grelot.
- Pour un enfant de 12 mois : une boîte à formes évolutive, des petits cubes à encastrer sur une tige.
- Pour un enfant de 2 ans : une maison de serrures, un « tap tap » (marteau + encastrement).
- Pour un enfant de 3 ans : un loto des odeurs (jeu d'association entre une chose et son odeur), des jeux de construction.

L'acquisition de compétences

Un bon jouet est un matériel d'acquisition, de transmission de compétences et d'exercice ; quand nous le choisissons, nous devons pouvoir en déterminer sa finalité. Posons-nous des questions telles que :

- À quoi sert ce jouet, qu'apporte-t-il à notre enfant ?

- Permet-il d'améliorer sa motricité fine, sa motricité globale, la compréhension d'un nouveau concept, l'exercice de la mémoire, etc. ?
- Sur le plan psychique, permet-il à notre enfant de s'entraîner à la patience, à la persévérance ?

Un bon jeu permet idéalement à l'enfant de développer son autonomie grâce au contrôle de l'erreur et à l'autocorrection. Par exemple :

- Au Memory, l'enfant visualise de lui-même si les deux cartes sont identiques ou non.
- Les pièces d'un puzzle s'encastrent ou non. L'enfant dispose en outre du modèle pour s'orienter dans la construction.
- Pour permettre l'exercice d'une habileté, seule la pratique compte. Les jeux doivent donc permettre la répétition en ayant un déroulement structuré : début, milieu, fin.

Conseil

Quand nous jouons avec notre enfant, ne l'avantageons pas trop dans le seul but de le faire gagner et lui faire plaisir. Enseignons-lui que jouer est un plaisir au-delà de la victoire.

Pour cela, il est important de s'en tenir aux règles. Si nous constatons que les règles sont trop compliquées, simplifions-les pour le bénéfice de tous les participants, pas uniquement de notre enfant. Non seulement notre enfant aura une meilleure capacité d'adaptation aux règles, mais encore il nous sera reconnaissant de le considérer comme un égal.

L'adaptation aux règles

Les jeux sont un excellent moyen de faire entrer l'enfant dans les règles et les consignes de manière amusante. Sans règles, il est impossible d'accéder au jeu. Les règles regroupent les instructions, l'objectif, les conditions, mais aussi le mode d'emploi ; sans elles, le jeu ne peut avoir de sens.

Prenons l'exemple d'une toupie. Même une toupie comporte une consigne : pour qu'elle fonctionne, il faut la poser sur sa base et la faire tourner, et non pas la lancer.

Plus les jeux croissent en difficulté, plus la place des règles est importante, c'est le cas des jeux de société.

Il est possible d'adhérer à des règles, ou au contraire de les refuser ou de les contourner. Il est également possible de détourner un jeu en s'inventant de nouvelles règles, mais pour que cela fonctionne, ces règles doivent être validées par tous les participants. Dans tous les cas, le jeu dépend de règles.

S'adapter aux règles contribue à structurer l'enfant tant dans son individualité que dans sa vie en collectivité.

La socialisation

Une ambiance Montessori prévoit l'activité individuelle de l'enfant jusqu'à l'âge de 6 ans, car jusqu'à cet âge, il construit son individualité. Maria Montessori employait le terme « d'embryon social » pour décrire l'enfant de 3 à 6 ans.

En ce qui concerne le jeu, l'enfant est prêt à interagir consciemment avec d'autres enfants de son âge vers 3 ans, ou tout du moins à partir du moment où il a conscience de son identité et qu'il peut dire « je ». C'est au moment où l'enfant se désigne comme sujet qu'il peut s'en remettre plus facilement à une consigne.

Dans les jardins publics, nous entendons de nombreux parents, encourager, voire sommer leur tout jeune enfant de prêter ses jouets, ou à l'inverse insister pour qu'il ne prenne pas les jouets des autres enfants.

D'une part, ces comportements sont contradictoires, d'autre part nous devons comprendre que c'est un âge auquel le partage est difficile. Entre 0 et 2 ans, il est rare de voir des enfants jouer ensemble, prêter leurs jouets ou coopérer. Durant la période de construction de l'identité de l'enfant, être et avoir se confondent : le jouet de l'enfant est un bout de lui-même. S'attribuer un jouet, c'est affirmer son existence et sa place.

Par ailleurs, ils entendent depuis leur plus jeune âge des phrases telles que « Ne touche pas, c'est à moi », « Ne le prend pas, c'est à Untel ». Des phrases anodines qui ne favorisent pas l'accès au partage.

Vers 3 ans, l'enfant prend conscience de sa place au sein d'un groupe et peut y participer.

Jouer dans la joie

Un jeu peut tout à fait être drôle et amusant avec le but sérieux de soutenir le développement de l'intelligence.

Apprenons à nos enfants à jouer dans la joie et la bonne humeur plutôt que dans l'adversité et la compétition. Le jeu étant un facteur de transmission important, l'effet « miroir » est lui aussi important : l'enfant se nourrit de ce que nous lui donnons.

Ainsi, si notre enfant devient mauvais joueur, cela provient certainement du fait que gagner a pour nous un enjeu significatif. Si gagner est important pour nous, ça le deviendra aussi pour notre enfant. Si nous montrons par nos comportements que perdre est désagréable, il y a de fortes chances pour que notre enfant n'aime pas perdre.

Focalisons-nous sur le moment passé ensemble, le rire et les apprentissages, plus que sur l'issue de la partie.

Jouer sans jouets

Beaucoup de jouets vendus dans le commerce sont inutiles au jeune enfant de moins de 3 ans, et nous constatons qu'il peut tout à fait s'éveiller et s'amuser sans. Son intérêt sera davantage porté vers des objets que par des jouets véritables.

Cette inclination s'explique par le besoin qu'a l'enfant de comprendre et appartenir au monde, s'adapter, et gagner en autonomie. Pour ce faire, il a besoin d'exercer sa motricité globale pour ses déplacements, et sa motricité fine pour un bon usage de sa main.

Il va être vivement attiré par les objets de la vie courante, avec une prédilection pour les ustensiles de cuisine !

Nous pouvons tout à fait lui mettre à disposition des objets qui lui permettront exploration et manipulation :

- une petite casserole et une cuillère en bois s'improvisent en petit tambour ;
- une petite bouteille contenant des graines se transforme en maracas ;
- des petits flacons agrémentés de colorants alimentaires variés ;
- une boîte à épices transparente dans laquelle on enfile des cure-dents (couper les pointes) ;
- une tirelire et des jetons/pièces ;
- un entonnoir et une petite bouteille pour y verser de l'eau ;
- une petite paire de ciseaux et des bandelettes de papier (à partir de 2 ans) ;
- un panier à trésors : pince à linge, étoffes différentes, petite balle en mousse, petite brosse, etc. (Votre imagination fera le reste.)

Les petits instruments de musique sont également fort appréciés des jeunes enfants : clochettes, grelots, claves, triangles, appeaux, bâton de pluie, harmonica, œuf maracas…

Offrons à notre enfant des instruments authentiques, et non pas de mauvaises imitations dont les couleurs seront certainement criardes et les matériaux grossiers.

Toutes les activités de la vie courante feront aussi le bonheur de votre enfant, soit dans la coopération, comme nous l'avons vu dans un chapitre précédent, soit lors d'activités décontextualisées, structurées sur un petit plateau.

L'attrait pour les jouets devient plus fort pour l'enfant une fois que ses compétences psychomotrices sont développées et qu'il a atteint un certain niveau d'autonomie dans son environnement.

Créativité et imagination

Du point de vue de Montessori, le petit enfant en construction doit, dans un premier temps, s'enraciner dans la réalité du monde qui l'entoure pour se l'approprier et s'y adapter ; c'est pourquoi privilégier la manipulation est le critère le plus important pour choisir les jouets des jeunes enfants. Les jeux de manipulation peuvent néanmoins laisser place à la créativité et l'imagination une fois que l'enfant a affiné sa dextérité et atteint un premier niveau de conscience du monde qui l'entoure. En effet, des jeux de construction tels que les Lego ou les Kapla vont pouvoir transporter l'enfant dans la création de son propre univers et ouvrir la porte de son imagination.

Les bons réflexes

Faire du tri !

Dès la naissance de notre enfant, les cadeaux abondent et nous nous retrouvons vite envahis par toutes sortes de jouets que nous n'avons pas choisis. La probabilité est donc forte pour que parmi eux, certains ne nous plaisent pas ou soient inutiles à notre enfant.

N'hésitons pas à nous séparer des jouets qui ne répondent pas à nos choix esthétiques ou éducatifs. Tant pis pour la part affective !

Si nous le pouvons, l'idéal est de faire une liste ou de donner à notre famille des recommandations stipulant le type de jouets que nous souhaitons offrir à notre enfant, comme par exemple éviter les jouets en plastique ou les jouets sonores.

Le tri des jouets de notre enfant doit être fait régulièrement, de la même manière que pour ses vêtements. Il y a ceux qui ne correspondent plus à ses besoins et les autres qu'il n'a jamais utilisés.

Avant de se débarrasser définitivement de jouets, observons avec quoi notre enfant joue et quels sont les jouets qu'il délaisse. Ne jetons rien sans l'avoir consulté, il est même préférable de faire le tri ensemble.

S'il souhaite garder ses jouets alors qu'il ne les utilise pas, attendons quelque temps pour les ranger ensuite dans une caisse spéciale « jeux inutiles », qu'il prendra plaisir à redécouvrir de temps à autre.

Être et avoir

L'industrie du jouet propose une vaste palette de jouets et accessoires pour enfants et nous pousse à consommer.

Dans une grande majorité des cas, hélas, les fabricants de jouets ne prennent pas en considération le développement de l'enfant, ni les réels besoins et sensibilités qu'il traverse. C'est pourquoi de nombreux jouets sont inadaptés, inutiles, surstimulants, voire envahissants et encombrants.

Il nous faut trouver des idées pour les anniversaires et les fêtes de Noël, et plus notre enfant grandit, plus sa chambre abonde de jouets.

Ne sombrons pas dans la surconsommation. Offrir un jouet fait toujours plaisir à notre enfant dans l'immédiat, mais s'il s'avère être inutile à son développement, nous constaterons que le jeu sera mis de côté très rapidement et que notre enfant ne tardera pas à nous en demander un nouveau à la première occasion.

En effet, de nombreux jouets ne viennent pas combler la soif de découvertes de notre enfant et génèrent une insatisfaction chronique. Ne donnons pas l'habitude à notre enfant de vouloir posséder. Apprenons-lui que nous avons besoin « d'être » bien plus que « d'avoir ».

Limiter les quantités, effectuer des roulements

Nous savons désormais qu'un environnement bien préparé pour notre enfant doit être épuré, esthétique et permettre la libre motricité de l'enfant (voir « L'environnement préparé », p. 70 et suivantes). Allégeons la quantité de jouets dans la chambre de notre enfant pour limiter le choix, favoriser son activité et lui laisser de l'espace.

La solution est d'effectuer des roulements de jouets. En disposant les jouets sur une étagère ou dans des petits paniers ordonnés par catégories, il est plus facile de procéder à ces roulements.

Cela renouvelle en outre l'intérêt de notre enfant pour des jouets qu'il prend plaisir à redécouvrir alors qu'il les avait négligés quelque temps auparavant.

L'accessibilité est déterminante

L'enfant doit pouvoir aller chercher ce qu'il désire au moment où il en a besoin, sans avoir à solliciter l'aide d'un adulte. D'une part, cela contribue à l'émergence de son autonomie : il peut aller chercher une activité, la faire puis la ranger seul ; d'autre part, cela augmente ses chances de faire une activité qui le mènera à la concentration puisqu'elle a su éveiller son intérêt.

Structurer le jeu

Dès le départ, prenons l'habitude de structurer le jeu de notre enfant en délimitant son aire d'activité par l'utilisation d'un tapis, sur lequel nous poserons son/ses jouet(s).

Utiliser un tapis présente l'avantage de structurer l'espace de jeu et d'en organiser son déroulement. La disposition des éléments sur le tapis aide l'enfant à entrer dans une pensée logique.

Nous disposerons les éléments dans un ordre d'utilisation chronologique, de gauche à droite et de haut en bas, pour respecter le sens occidental de lecture/écriture. Par ailleurs, la délimitation de l'espace de jeu aide l'enfant à se centrer et à éviter sa dispersion.

Notons que dérouler et rouler un tapis est une activité en soi, qui peut être répétée facilement et que les enfants apprécient beaucoup.

Le tapis doit être suffisamment rigide pour tenir debout roulé. Sa dimension doit être moyenne, d'environ 50 à 60 cm de largeur sur 100 à 120 cm de longueur.

Si nous jouons sur une table, nous pouvons utiliser un set de table.

Comment savoir si un jouet est utile ou non

- **Se poser la question :** en quoi ce jouet aide-t-il mon enfant à grandir ? Quelles sont les compétences à avoir ou à développer pour jouer ?
- **Observer :** avec quel intérêt notre enfant se dirige vers le jouet, combien de temps joue-t-il avec, en comprend-il l'objectif, se concentre-t-il... ?

La nouveauté suscite souvent l'intérêt immédiat de l'enfant ; cet intérêt est motivé par la curiosité. C'est une fois l'effet de la curiosité estompé que nous pouvons évaluer si le jeu convient à notre enfant, en observant les étapes suivantes :

- **Exploration du jouet :** l'enfant s'empare du jouet, l'ausculte.
- **Fixation de l'attention :** après l'avoir ausculté, il décide de maintenir son activité.
- **Compréhension de l'objectif :** grâce aux deux phases précédentes, il appréhende l'objectif du jouet et commence à jouer.
- **Répétition :** il recommence le jeu plusieurs fois pour se perfectionner.
- **Concentration :** il mobilise l'ensemble de ses facultés pour se focaliser entièrement sur son jeu.

Ranger au fur et à mesure

Quand notre enfant joue dans sa chambre, le désordre peut apparaître « comme par enchantement ». Nous nous retrouvons alors dans un véritable capharnaüm sans savoir à quel moment les choses ont basculé dans le chaos, bien que notre enfant soit resté calme. Nous nous disons que nous attendrons la fin de la journée avant de tout ranger…

Dès le début de sa vie, enseignons-lui qu'une activité se termine au moment où nous avons rangé et remis à leur place les objets qui ont servi pour ce moment précis, pas avant. Aller jusqu'au bout du processus soutient l'enfant dans sa capacité à achever ce qu'il entreprend et à ne pas abandonner en cours de route.

Cet enseignement se fait d'abord par l'exemple : lorsque notre bébé se détourne d'un jouet, nous rangeons pour lui et nous accompagnons nos gestes d'une explication telle que : « Maintenant que tu as terminé, nous rangeons, tu pourras ensuite prendre un autre jouet ».

Dès que notre enfant a acquis la marche, nous pouvons ranger ensemble, en coopération. C'est une fois qu'il sera devenu bien autonome que nous pourrons attendre de lui qu'il range seul.

Une chambre bien rangée donne envie à l'enfant de se mettre en activité ; au contraire, une chambre en désordre décourage l'enfant, il ne retrouve plus ses jouets, tout est mélangé, son ordre intérieur est contaminé par la désorganisation extérieure.

Les jouets à éviter

Les jouets en plastique :

Préférons les jouets aux matériaux naturels comme le bois ou le caoutchouc. Le bois est un matériau noble, sensoriel, agréable au toucher, contrairement au plastique qui est une matière morte. L'enfant est sensible à l'authentique, il différencie ce qui est précieux et fragile de ce qui ne l'est pas.

Pour cette raison, il a généralement moins de soin pour les jouets en plastique que pour les jouets en bois.

Beaucoup de jouets en plastique ont tendance à cumuler les défauts : des couleurs grossières, des lumières clignotantes et des bruits désagréables à l'oreille, autant de surstimulations agressives pour un jeune enfant.

Pour les bébés, offrir un hochet à grelots sur un anneau de bois est un cadeau plein de surprises et de ressources. C'est un objet simple qui met l'enfant en mouvement, car il faut le secouer doucement pour émettre un son. Les grelots sont métalliques, donc froids, lisses, secs ; ils reflètent en outre les jeux d'ombre et de lumière… Autant de stimulations douces et délicates pour un tout-petit, qui s'en émerveillera.

Les jouets tout-en-un

Ces jouets multi-activités dits « évolutifs » tentent d'accompagner l'enfant dans son développement. Or ils sont souvent trop complexes et comportent des objectifs trop nombreux pour pouvoir répondre à ses besoins. L'enfant se noie dans l'excès d'informations et de fonctionnalités dès l'exploration, et peut finir par se décourager. Il n'est pas en mesure de fixer son attention très longtemps, car il n'appréhende pas les objectifs du jouet. Il y a peu de chance pour qu'un jeu « tout-en-un » permette à l'enfant d'atteindre le stade de la concentration.

Un jouet doit être simple et comporter un objectif unique. Il doit aussi permettre à l'enfant de contrôler lui-même son erreur pour s'autocorriger.

Ainsi, le jeu des anneaux à enfiler sur une tige comporte traditionnellement trop de critères. L'enfant doit discriminer les tailles et les couleurs, ainsi qu'enfiler les anneaux sur la tige. Ce qui séduit dans un premier temps le jeune enfant avec ce jeu est l'action d'enfiler les anneaux sur une tige. Discriminer les tailles et les couleurs sont deux autres objectifs qui plairont au petit enfant ultérieurement ; mais au moment où l'enfant est sensible à la discrimination des tailles et des couleurs, il n'est alors plus sensible à l'action d'enfiler un anneau sur une tige.

La version Montessori de ce jouet comporte trois petits cubes de la même taille et de la même couleur, adaptés à la main du petit enfant. L'enfant comprend de lui-même qu'il doit enfiler les cubes sur la tige. La discrimination des tailles viendra dans un deuxième temps avec du matériel différent (la tour rose, l'escalier marron, les barres rouges), la discrimination des couleurs dans un troisième temps (les trois boîtes de couleurs).

Bien choisir un jouet/jeu

Les objectifs d'un bon jouet/jeu

- Aider à comprendre le monde et la réalité.
- Développer la concentration.
- Développer la pensée logique.
- Affiner la motricité fine et globale.
- Transmettre un concept.
- Apprendre les règles et les consignes.
- Socialiser.
- Rire.

Les caractéristiques d'un bon jouet/jeu

- Il est esthétique.
- Il est sensoriel.
- Il a un objectif simple et unique
- Il répond aux sensibilités que traverse notre enfant.
- Il a un début, un déroulement et une fin pour permettre la répétition (et donc le perfectionnement).

Présenter un jouet à son enfant

Présenter un jouet à notre bébé ou notre enfant, c'est lui présenter notre monde, avec nos valeurs et nos goûts personnels. Lorsque nous proposons un jouet, nous voulons transmettre quelque chose de nous, un concept ou un geste.

Nous ne donnons pas un jouet à notre enfant pour l'occuper et nous libérer, nous lui faisons cadeau d'un bel objet pour une meilleure compréhension de soi et du monde, d'une occasion pour éveiller sa conscience.

Il est important, au moment de présenter le jouet à notre enfant, d'avoir une intention. Comme lorsque nous « coopérons » avec notre enfant, nous devons nous installer en conscience avec lui et adopter des gestes lents et simples pour lui donner le temps de comprendre la manipulation.

Nous lui tendons ensuite le jouet, c'est à son tour. Même lorsque notre enfant grandit, nous essaierons toujours de lui montrer la manipulation une première fois.

Les livres

Présenter un livre

Les livres sont des supports de transmission des connaissances pour les enfants. Nous pouvons donc commencer à présenter un livre très tôt à notre bébé.

Les petits livres cartonnés en noir et blanc laisseront des impressions à notre enfant, qui se réjouit de passer un moment avec nous, à écouter notre voix le bercer et regarder nos mains tourner lentement les pages.

À partir du moment où notre enfant peut s'asseoir, laissons-le manipuler des livres tout seul.

Comme pour les jouets, nous lui présentons tout d'abord ce qu'est un livre : nous lui montrons comment le tenir et tourner les pages. Si nous sommes précautionneux et respectons l'objet-livre, l'enfant le sera aussi.

Certains enfants aiment chiffonner ou déchirer du papier, ne leur donnons jamais de vieux livres ni de vieux magazine, mais une feuille blanche de brouillon pour ce faire.

En effet, si nous permettons à un enfant de déchirer un vieux magazine, il n'est toutefois pas en mesure de distinguer lui-même les vieux magazines des plus récents et nous pourrions avoir des surprises. Si nous voulons que notre enfant respecte ses livres, nous devons lui apprendre à respecter tous les livres et tous les magazines sans exception.

Le choix des livres

Le livre est un matériel très riche pour l'enfant qui répond à la fois à des besoins moteurs (tourner les pages) et psychiques. C'est également un objet d'éternel recommencement (début, milieu, fin) que l'on peut refermer à tout moment.

Dans les deux premières années de la vie de notre enfant, nous privilégierons les imagiers (photos ou dessins réalistes) pour découvrir le monde : la maison, la ville, la campagne, la mer, la forêt, la montagne, avec leur faune et leur flore respectives. Les petits enfants aiment s'amuser au jeu de « Mon petit œil » (voir p. 52) et enrichir par ce biais leur vocabulaire.

À tort, nous simplifions la beauté de la nature, croyant faciliter la compréhension de l'enfant par la représentation de graphismes réducteurs et parfois grossiers : un chien ne ressemble parfois plus à un chien par exemple. Présentons-lui le monde tel qu'il est pour une meilleure représentation de la réalité, plutôt que de le vulgariser. Ce n'est que plus tard (à partir de 3 ans environ) que le monde de l'imaginaire et de la fantaisie prendra tout son sens pour l'enfant.

Les livres sont également des supports remarquables pour aborder des sujets importants de la vie de l'enfant comme par exemple : la naissance d'un petit frère ou d'une petite sœur, l'acquisition de la propreté pour les enfants qui éprouvent des difficultés, l'entrée à l'école maternelle, la première visite chez le dentiste, ou tout autre événement pour lequel il y a une peur ou une émotion à apprivoiser.

Très jeunes, ils raffolent des histoires qui racontent la vie quotidienne et ses séquences, dans lesquelles ils peuvent s'identifier.

De manière générale, tant que les enfants ne distinguent pas la réalité de l'imaginaire, nous nous en tiendrons à des livres réalistes. Une fois qu'ils ont la capacité à se désigner comme sujet (dire « je »), alors ils peuvent apprécier les héros imaginaires.

De la même manière que pour les jouets, le choix des livres est essentiel à la vision du monde que nous voulons transmettre à notre enfant. Faisons des choix pointus, soyons sélectifs, en ayant toujours un objectif de transmission : esthétisme, douceur et tendresse, humour, développement des connaissances, développement de la créativité et de l'imaginaire...

Les sorties

Sortir est l'occasion pour notre enfant de faire bien des rencontres, des découvertes et des explorations, peu importe l'endroit où nous allons.

En ville ou à la campagne, chaque sortie peut faire l'objet d'une expédition pour notre enfant, si nous lui accordons le temps nécessaire.

Sortir, c'est lui permettre de se connecter à son environnement et à la nature, et d'en ressentir la grandeur.

Regardons en l'air, nous verrons la cime des arbres, le ciel, les oiseaux, la lune et les étoiles... Regardons par terre, nous verrons la vie qui y fourmille, à une autre échelle que la nôtre... Il suffit d'ouvrir les yeux pour se rendre compte de la richesse et la diversité de la vie qui nous entoure.

Une introduction à l'éducation cosmique

« Offrez l'immensité du monde aux enfants et invitez-les à conquérir l'illimité. C'est la petitesse de l'objet à conquérir qui suscite lutte, compétition et jalousie. »
Maria Montessori

Les sorties sont l'occasion de développer les connaissances de notre enfant sur le monde qui l'entoure et auquel il appartient. Elles offrent l'opportunité à l'enfant de réaliser par des découvertes sensorielles, l'immense diversité et la perfection de la nature qu'il a découvertes au travers des imagiers et des histoires que nous lui racontons pour lui présenter le monde.

Les saisons :

Chaque saison nous offre son lot de surprises et de cadeaux : la nature au printemps ne ressemble pas à la nature en hiver.

La vie de la végétation et des animaux diffère à chaque saison : ils adaptent leur comportement à la nature, au climat et au cycle des saisons.

Le printemps est la saison où tout recommence, la nature se réveille, les animaux sortent de leur habitat et les plantes sortent de terre.

L'été est le temps de la maturité, les fruits sont mûrs, les jours sont longs, la lumière est intense.

L'automne fait décliner la nature, plantes et animaux se préparent à dormir pour l'hiver : les feuilles tombent, les fleurs se fanent, les animaux font des réserves pour se préparer à l'aridité de l'hiver.

L'hiver est l'époque du repos, la nature sommeille pour se ressourcer, elle se prépare à recommencer un cycle nouveau.

Les saisons sont un marqueur sensoriel de temps important, que l'enfant ressent fortement puisque lui aussi adapte son rythme et son mode de vie à celui des saisons.

Éveiller l'enfant sur ces changements l'aide à prendre conscience du cycle de la vie.

La météo

La météo, c'est le temps qu'il fait et le temps où nous sommes.

La pluie, le vent, la neige, le soleil déterminent nos activités et notre rythme de vie.

Parler du temps qu'il fait à son enfant n'est pas un sujet bateau, comme cela peut l'être dans les conversations d'adultes. Parler du temps est un moment privilégié pour s'arrêter un instant, observer le ciel et la lumière, ces éléments qui affectent notre comportement, notre humeur et notre moral, tout comme l'ensemble de la nature et de ses habitants.

Les animaux et les insectes

Que nous vivions en ville ou à la campagne, nous sommes entourés d'insectes et d'animaux.

Apprenons à nos enfants à les reconnaître et à repérer leurs traces dans la nature : une plume abandonnée sur le sol par un oiseau, des noisettes rongées par un écureuil, une toile d'araignée filée sur une poutre, une coquille d'escargot posée sur une feuille…

Apprenons-leur aussi à ne pas en avoir peur et à les respecter.

L'homme a une tendance anthropocentrique, il se considère comme l'espèce principale de la Terre.

Les hommes chassent les animaux et les insectes de leur environnement, par méconnaissance et par peur.

Plutôt que de tuer les insectes qui nous entourent, pourquoi ne pas enseigner à notre enfant à s'en émerveiller en éveillant sa curiosité pour ces espèces différentes ? L'observation du travail des fourmis, des abeilles et des araignées est une activité passionnante pour un enfant si nous l'aidons à donner du sens à ce qu'il voit.

Les végétaux

Une ville sans arbre ni végétation est une ville triste, grise et sans vie. Sensibilisons notre enfant à aimer et à reconnaître les arbres et les fleurs, àfaire un joli bouquet, à apprécier la verdure aussi bien en forêt qu'au jardin ou à la maison.

Les minéraux

Il existe quantité de pierres aux textures, tailles et couleurs variées. Nous pouvons montrer ces variétés à notre enfant qui raffole des petits cailloux et pourra commencer une collection.

« Quand l'enfant sort, c'est le monde lui-même qui s'offre à l'enfant. »

Maria Montessori

Les cailloux peuvent servir à bâtir des petites constructions, à faire des ricochets, à écrire sur le sol s'ils sont calcaires, à compter, à faire des dessins...

C'est le début de l'éducation « cosmique », celle qui offre à l'enfant une vision globale et décloisonnée de l'univers dans lequel nous vivons, celle qui lui permet de réaliser que tout est lié et que chaque détail est une partie du « tout » que représente l'univers.

C'est aussi une opportunité de le sensibiliser au respect de la nature et de l'environnement.

Des expériences sensorielles et ludiques

Si la sortie est prévue à l'avance, nous avons la possibilité de la préparer.

Il existe de jolis imagiers de la nature qui recensent les différents milieux : mer, forêt, montagne, campagne, ville, avec leurs particularités, leur faune et leur flore.

Nous pouvons lister les éléments caractéristiques de l'endroit où nous allons et préparer une chasse au trésor en ayant pour objectif de ramener notre butin à la maison.

Sur place, prenons le temps de sentir les odeurs, repérer les traces des animaux, écouter le chant des oiseaux, cueillir des fruits et les goûter...

Sortir à la mer

Outre faire des pâtés de sables, pêcher les crevettes, courir sur le sable mouillé, prévoyons une chasse aux trésors pour notre enfant.

Préparer sa sortie

On peut regarder avec l'enfant, dans un imagier de la nature, quels sont les éléments de faune et de flore qui vivent à la mer, puis faire une sélection d'éléments que nous devrons chercher pour les ramener à la maison. Par exemple, lors de notre sortie à la mer, nous devrons rapporter : trois coquillages, un couteau de mer, deux coques, un peu de sable mouillé, un peu de sable sec et un petit crabe.

Au retour

Le butin pourra faire l'objet d'examens minutieux, en utilisant une loupe pour regarder de plus près. Toutes sortes d'activités sont possibles :

- retrouver dans l'imagier les trésors de notre expédition ;
- préparer des roudoudous dans les coquillages ;
- disséquer le petit crabe pour l'examiner ;
- réaliser des peintures de sable ;
- réaliser un tableau de coquillages, etc.

Sortir en forêt

Préparer sa sortie

Voici quelques exemples d'activités préparatoires :

- décalquer les feuilles des arbres forestiers, puis associer la fleur et le fruit de l'arbre. Nous essaierons de les trouver et de les reconnaître une fois en forêt.
- la chasse aux trésors de la forêt : lister une série d'éléments à rapporter, par exemple des châtaignes, des mûres, des glands, des fougère...

Au retour

Nous revenons riches de notre récolte et pouvons faire des confitures, des marrons chauds, un herbier, des mises en paire avec un imagier...

À chacun son terrain d'exploration, ses jeux et ses aventures, pourvu que nous passions du temps ensemble à respirer le grand air et être au contact de la nature, pour aider notre enfant à prendre conscience des éléments et autres espèces qui habitent notre monde.

L'écologie est un enjeu majeur pour notre planète, chaque sortie est donc propice à nous rappeler la splendeur de la nature, sa richesse, sa force et sa fragilité.

CONCLUSION

Si en refermant ce livre, vous vous sentez :

- réconforté et rassuré dans votre rôle de parents,
- plus attentif aux petits gestes et aux exploits quotidiens de votre enfant que vous observez maintenant sous un œil neuf et admiratif,
- plus compréhensif et plus coopératif,
- plus léger, imaginatif, créatif, prêt à expérimenter et innover,
- prêt à lâcher vos principes, vos certitudes et vos croyances et à vous laisser surprendre par votre enfant,
- patient, confiant et bienveillant,

alors, il aura rempli sa mission.

Certes, la condition de l'enfant dans la société s'est améliorée depuis l'époque de Maria Montessori : nous avons pris en considération sa petite taille pour le mobilier, les jouets sont plus « éducatifs », et nous avons une meilleure connaissance de son développement grâce aux neurosciences, qui déchiffrent petit à petit le cerveau humain et ses modes d'apprentissage. Il n'en demeure pas moins que de vieilles croyances restent profondément ancrées dans nos mentalités.

C'est le rôle de chacun, en tant que parent, de contribuer à modifier la perception que la société a de l'enfant.

Les parents ont cru bon de faire passer le plaisir des enfants avant leur bien-être, de les infantiliser, de les gâter, de les comparer, de les encourager à la performance... Nous savons désormais que ce modèle d'éducation est vain et que nous avons fait fausse route.

L'enfant se construit au travers de l'activité qui synthétise mouvements et esprit, celle qui mène à la concentration et à l'éveil de la conscience de soi et des autres

Il est urgent de laisser nos enfants s'épanouir naturellement en limitant au maximum les entraves à leur développement. Se libérer de ses croyances, c'est libérer le potentiel de l'enfant. Se libérer des luttes de pouvoir intergénérationnelles, c'est libérer l'amour qui nous unit.

Les changements n'adviennent pas du jour au lendemain, soyons patients, confiants et persévérants, comme nous le sommes désormais avec notre enfant.

La mutation est un processus long et douloureux, mais plein d'espoir et de belles promesses.

Annexes

Petit lexique de la pédagogie Montessori

Tendances humaines

Caractéristiques propres à tout individu de l'espèce humaine, de manière universelle et intemporelle. L'environnement de l'homme doit répondre aux tendances humaines qui le guident tout au long de sa vie pour assurer son bien-être.

Orientation: disposer de repères et savoir où l'on est, garantit la sécurité intérieure et rend possible l'exploration. Cette tendance renvoie directement au besoin d'ordre que nous éprouvons, afin de donner un sens au monde dans lequel nous vivons. L'absence de repères et de sens conduit l'homme à perdre la raison.

Travail: le fruit du travail de l'homme est la transformation de son environnement grâce à l'utilisation de ses mains.

Abstraction: l'homme a la capacité de se représenter mentalement les choses, il conceptualise et développe une pensée logique.

Instinct grégaire: l'homme vit en société, il est lié à ses membres et les protège.

Spiritualité: l'homme a un besoin de transcendance qu'il exprime au travers de l'art, de la philosophie, de la religion.

Esprit absorbant

Terme employé par Maria Montessori pour désigner la capacité exceptionnelle d'apprentissage de l'enfant de 0 à 6 ans.

Durant cette période de sa vie, l'enfant s'approprie l'environnement dans lequel il évolue pour pouvoir s'adapter; cela inclut le langage, les codes, les usages et tous les éléments constitutifs de la culture d'une société.

L'enfant dispose de cette capacité extraordinaire grâce à une prédisposition sensorielle spécifique, car c'est surtout le développement et le raffinement de ses sens qui lui permettent d'appréhender le monde.

L'enfant se construit dans, et par, le milieu qui l'entoure.

Périodes sensibles

Temps particuliers et limités durant lesquels l'enfant est inconsciemment et irrésistiblement sensible à certains aspects de son environnement, en excluant d'autres. Grâce à ces temps forts, l'enfant dispose de potentiels particuliers qui lui permettent de faire naître des caractéristiques humaines naturellement (le langage, la marche, l'écriture...). Ces périodes sont donc des phases d'acquisition et de construction.

De la naissance à 6 ans environ, l'enfant traverse six périodes sensibles.

Période sensible à l'ordre

L'enfant est fortement sensible à l'ordre extérieur dès sa naissance dans le but de comprendre son environnement et de lui donner un sens. L'enfant classe, donne une fonction, une destination et un emplacement à chaque chose et à chaque personne, dans le temps et dans l'espace. Un environnement ordonné aide l'enfant à construire sa pensée et sa compréhension du monde. L'ordre est un facteur sécurisant pour l'enfant et l'aide à installer ses repères. L'ordre offre la possibilité de s'orienter.

Période sensible au mouvement

L'enfant est naturellement poussé au mouvement. Sa sensibilité motrice le guidera pour développer l'usage de ses mains (motricité fine) et acquérir la station verticale (motricité globale). Le mouvement de l'enfant est d'abord instinctif, puis il devient intentionnel : mouvement et volonté sont liés.

Le mouvement aide l'enfant à construire sa pensée et inversement, on parle d'intégration psychomotrice.

Le mouvement permet également d'acquérir son indépendance ; grâce à lui, l'enfant agit sur son environnement (gestes et déplacements).

La sensibilité au mouvement de l'enfant le conduit naturellement à la marche sans aucun enseignement extérieur (action de l'« esprit absorbant »).

Période sensible au langage

Cette période particulière chez l'enfant lui permet d'assimiler toutes les langues couramment parlées dans son environnement par l'action de son « esprit absorbant ». Cette faculté s'estompe progressivement après 6 ans.

À partir d'un certain âge, une langue ne s'assimile plus, elle s'enseigne, car la période sensible est passée, et plus jamais il ne sera possible pour l'enfant ou l'adulte d'atteindre la perfection du langage maternel.

Dès la vie utérine l'enfant intègre le langage oral. On parle d'explosion du langage oral vers 2 ans. Vers l'âge de 3-4 ans, l'enfant est naturellement sensible au langage écrit et entre dans les symboles : c'est le début de l'écriture, puis de la lecture.

Période sensible au raffinement sensoriel

L'enfant est sensible à tout élément sensoriel, car c'est par les sens qu'il appréhende son environnement jusqu'à 6 ans. Plus nous alimentons cette période sensible de notre enfant, plus nous l'aidons à connaître son environnement, à disposer d'une palette de nuances riches et fines, à être en conscience.

Le développement de la main est fondamental, car la manipulation construit la pensée. Ce temps est essentiel dans le cheminement vers l'abstraction et la pensée logique de notre enfant.

Période sensible au développement social

L'enfant se tourne naturellement vers les membres de son espèce pour en apprendre les caractéristiques. L'homme vit en société, l'enfant cherche à appartenir au groupe et à s'y adapter (grâce aux capacités de son « esprit absorbant ») dès son plus jeune âge. La période de 0 à 6 ans est propice pour imiter les comportements des autres et se construire son image en tant qu'individu, membre à part entière d'un groupe.

L'enfant prend d'abord conscience de lui-même en construisant son identité, il prend ensuite conscience des autres.

Cette forte sensibilité si jeune s'explique par l'instinct grégaire de l'homme.

Période sensible aux petits objets

Les petits enfants entre 1 et 2 ans sont attirés par les objets ou détails minuscules de leur environnement que nous ne remarquons pas en tant qu'adulte. Leur intérêt porte sur ce qui est à la limite du perceptible.

Cette période n'est pas totalement expliquée et fait l'objet de plusieurs hypothèses :

- le développement neurologique tardif de la vision ?
- ce qui se trouve à la portée de l'enfant qui est de petite taille ?
- un moyen de favoriser le raffinement de la vue et de la motricité fine ?

Les périodes sensibles s'entremêlent, elles apparaissent de manière spécifique à chaque enfant. Pour cela, il est important de les connaître et de les déceler, afin de les alimenter au moment opportun pour chaque enfant. Il est en tout cas fondamental de ne pas contrarier les apprentissages qui sont concordants aux sensibilités de l'enfant, au risque de rendre ultérieurement ces apprentissages beaucoup plus fastidieux.

Environnement préparé

L'environnement préparé est l'environnement qui répond aux périodes sensibles de l'enfant et aux stades de développement qu'il traverse. L'environnement préparé idéal est donc celui qui est :

- ordonné, structuré, sécurisant et sécurisé ;
- agencé de manière à permettre la libre motricité ;
- riche en vocabulaire ;
- stimulant sensoriellement.

Phénomène de l'attention

Force intérieure de l'enfant qui suscite son intérêt pour une activité et lui donne l'envie de répéter ses gestes en le plongeant dans un état de concentration.

Phénomène d'explosion du langage

Le langage parlé « explose » vers l'âge de 2 ans de manière naturelle. De la même manière, Maria Montessori observa le phénomène d'explosion naturelle de l'écriture puis de la lecture chez des enfants de 4 ans. L'écriture émerge aussi naturellement que la parole émerge chez l'enfant, si l'environnement est suffisamment bien préparé pour répondre à ses besoins.

Le développement psychomoteur de 0 à 2 ans

Âge	Corps	Main
0 à 2 mois	Immobilité Position en décubitus	Réflexe d'agrippement
2 à 3 mois	Tenue de la tête	Préhension au contact : bébé peut ouvrir et fermer la main
3 à 4 mois	Roule sur le côté	Début de la préhension volontaire pour attraper, relâchement involontaire
4 à 5 mois	Se tourne du dos sur le ventre	Relâchement volontaire
5 à 6 mois	S'assoit avec soutien	Transfert d'un objet d'une main à l'autre
6 à 7 mois	Se redresse pour se préparer à ramper	Préhension palmaire : pince pouce/doigts opposés
7 à 8 mois	S'assoit sans soutien Peut se pencher en avant Commence à ramper	Contrôle des doigts
8 à 9 mois	Se tracte pour se mettre debout, tient debout quelques instants avant de tomber	Pince pouce/index
9 à 10 mois	Marche à quatre pattes Continue de préparer ses jambes pour la position verticale	Encastrement dans une boîte/Compréhension de la permanence de l'objet
10 à 12 mois	Marche à quatre pattes assurée Équilibre Déplacements debout soutenus par des meubles/un adulte Peut se baisser	Désigne des personnes ou objets en pointant l'index Lancer de balle Emboîte et enfile Tourne les pages d'un livre
12 à 15 mois	Acquisition de la marche Grimpe les marches à quatre pattes S'agenouille	Verse et transvase Pousse et jette Utilise des couverts
15 à 18 mois	Grimpe des marches avec soutien Saute et court	Utilise un crayon Tâches ménagères : balai, plumeau... Mange seul Commence à s'habiller se déshabiller
18 à 24 mois	Grimpe Danse et tourne	Dessine Visse/dévisse Commence à découper

TABLE DES MATIÈRES

En finir avec les préjugés

Il n'y a pas de méthode à l'éducation

Et si on se détendait à propos de l'éducation? 12
Qu'est-ce que l'éducation bienveillante? 13
La pensée Montessori n'est pas une méthode, c'est un regard 13
Autonomie, confiance et liberté 14

L'enfant est programmé pour s'adapter

Un potentiel infini dès la naissance 16
Un programme de développement rigoureux 17

L'enfant peut se concentrer longtemps

Une capacité sous-estimée 18
Concentration et intérêt 18
Concentration et mouvements 20

L'enfant n'aime pas jouer

Comprendre le monde pour être adapté 22
Participer au monde 24

L'enfant n'aime pas être aidé

Une nécessité à faire par soi-même 26
Affiner ses sens et sa motricité 26
Développer confiance, volonté et persévérance 27

L'enfant ne fait pas de caprice, il aime obéir

Adulte-enfant: des fonctionnements distincts 28
Distinguer les besoins des désirs 29
L'enfant aime ses parents, il ne cherche jamais à les fâcher 31
L'obéissance se construit avec la volonté 32
Politesse et codes sociaux 33

Les piliers de la pratique

La parentalité bienveillante

Faire le point sur sa vie 38
S'affranchir des croyances et préjugés 38
Oublier les attentes 39
Être en confiance 39
Être humble 39

Adapter l'environnement

L'environnement façonne l'enfant 41
Les conséquences d'un environnement non adapté 42
S'organiser 44
Liberté de mouvement 45
Liberté de choix 48
Comment faire évoluer l'environnement préparé 48

Coopérer avec son enfant

Présenter le monde à son enfant 50
Des jeux pour favoriser la compréhension du monde 52
Faire ensemble au quotidien 53

Aider utilement son enfant

L'aider ou faire à sa place? 57
Les mauvaises habitudes: interventions inutiles et entraves 57
Propositions pour aider utilement notre enfant 58
Les conséquences de nos interventions inutiles 59
Les limites 61

Apprendre à observer

L'observation est un révélateur 62
Observer nos attitudes d'adultes 62
Observer son enfant en bienveillance 63

L'autorité bienveillante

Partage et altruisme 65
Abandonner les rapports de force 65
Lâcher prise 66
Faire preuve de créativité 66
Rire 67

Focus sur le quotidien

L'environnement préparé

Aménager la chambre 70
Aménager la cuisine 72
Aménager la sallede bains 73

Les repas

La diversification alimentaire 75
Convivialité et socialisation 75
Motricité fine, coordination et mouvement 76
L'apprentissage des goûts 77
Éviter les conflits autour de la nourriture 77

Le soin

Quelques rappels 79
La toilette 80
Le change 81
Vers la propreté 82
L'habillage 83

Le sommeil

Installer un matelas au sol 85
Les cycles du sommeil 85
Un rituel apaisant 86
L'angoisse du sommeil 86
Fermeté et bienveillance 86
L'apprentissage du temps 86
Le sommeil "forcé" 87

Les jouets

Divertissement et travail 88
La mise en relation de l'enfant avec son environnement 89
Favoriser la concentration 90
Favoriser le raffinement sensoriel 90
L'acquisition de compétences 90
L'adaptation aux règles 91
La socialisation 91
Jouer dans la joie 92
Jouer sans jouets 92
Créativité et imagination 93
Les bons réflexes 93

Les jouets à éviter 96
Présenter un jouet à son enfant 97
Les livres 98

Les sorties

Une introduction à l'éducation cosmique 100
Des expériences sensorielles et ludiques 102

Annexes

Petit lexique de la pédagogie Montessori 108
Le développement psychomoteur de 0 à 2 ans 111

Notes personnelles

Notes personnelles

Notes personnelles

Notes personnelles

Notes personnelles

Notes personnelles

Imprimé par Unigraf en Espagne
Pour le compte des éditions Hachette Livre (Marabout)
58, rue Jean Bleuzen – 92170 Vanves
Achevé d'imprimer en juin 2015
ISBN : 978-2-501-08675-2
4130993/03
Dépôt légal : janvier 2015